聖書禪解 (Ⅱ, 新約聖書)

예수의 구도와 전법

활안 韓定燮 著

佛教精神文化院

추천사

　부모님들의 장례를 기독교식, 불교식으로 모셨다.

　그때, 활안스님은 우리 어머니 장례를 주관하여 치러주신 도반이다. 동국대학교 대학원장 김동화 박사님으로부터 "참으로 묘한 사람이다. 불교 속에 있으면서도 이교도와 외도들을 존경하고 사랑하며 출가수행을 하면서도 재가불자들을 지극히 보살피니 신행불교의 표적이다."라고 하셨다. 우리 어머님께서도 저와 다정히 지내는 것을 알고 "천년에 한번 보기 드문 보살이다."라고 늘 말씀하셨다.

　동서고금의 모든 사상을 속속들이 알고 있으면서도 안다는 상(相)을 내지 않고 불교와 기독교를 깊이 있게 이해하고 있으면서도 안다는 견해(見)를 갖고 있지 않다.

　알고 보니 스님은 석가모니 부처님의 철저한 깨달음과 예수님의 사랑스러운 행만을 취할 뿐 그 이후의 종파나 문벌에 대해서는 일언반구도 말씀하시지 않는다. 역대 조사들의 불교와 이후 선지자들의 행은 그 시대 그 환경에 맞는 불가피한 방편이요, 수단일 뿐이라는 것이다.

　이 세상 모든 사람들이 '동양사상'하면 도교와 불교·유교를 들고, ‘서양사상’하면 기독교와 이슬람을 들고, 각기 그 종교들의 같고 다름을 말하지만, 스님께서는 모두가 “사람이 사람노릇 잘하는 방법을 가르쳤을 뿐 별로 다를 것이 없다.”하시고, “우순풍조민안락(雨順風調民安樂) 천하태평법률전(天下泰平法輪轉)”과 “복지불사원만성(福址佛事圓滿成)을 발원하였다. 사실 이 세 가지면 이 세계가 평안하고 안정될 수 있기 때문이다.

나는 배재대학교 총장을 마치고 대전문화재단 대표가 되어 대전 불교 박물관 행사에 참여하였다가 30년 만에 다시 만난 활안스님을 보고 깜짝 놀랐다. 그 뒤 “성서선해”를 보내와 읽어 보니 참으로 놀랄 만한 구절이 많았다.

“하나님의 마음과 부처님의 마음이 마음자체로 보아서는 털끝만큼도 다르지 않다.”라든가, “두 분 다 외계인으로서 지상의 평화를 위해 나타난 화신”이라든가, 영적인 면에서는 “생(生) 불생(不生)”을 논할 수 없고, “처녀 수태는 누구나 겪고 있는 통과의례” 가운데 하나라 하여 기독교의 핵심교리를 불교의 불성론(佛性論)으로 잘 풀어놓으신 것을 보았다.

그런데 이번 “예수의 구도와 전법”에 있어서는 경외서인 도마복음서와 보병궁복음서를 통해 예수님의 역사를 빠짐없이 복원하고, 비유·인연·본생으로부터 교리의식에 이르기까지 같고 다른 점을 비교하여 비교종교학으로서도 훌륭한 책을 내놓았다. 천학비재(淺學菲才)한 사람으로서 감히 어떻다 평가할 수는 없으나 이 책이야말로 동서사상을 화해시키는 감초가 될 수 있지 않을까 생각하여 감히 일독을 권해드린다. 요즘 말하는 소통의 일환이기도 하다.

활안스님의 넓고 깊은 사상에 다시 한번 감사드리며 이 책이 세계평화의 징검다리가 되기를 빌어마지 않는다.

배재대학교 전 총장
경영학박사 박강수

머리말

　"성서선해"가 출판된 지 26일 만에 재판 발행을 하는 과정에서 많은 사람들에게 전화도 받고 편지도 받았으며 또 직접 만나 대화를 나누기도 하였다.

　대부분의 질문이 구약보다는 신약의 "예수와 여호와"에 관한 것이었는데 불교에서는 애초부터 천당을 인정하고 있는 터라 하나님에 대한 문제는 이야기꺼리도 되지 않았다.

　그러나 "예수의 부활"문제와 "처녀탄생"에 관한 것은 세상 사람들이 볼 때 이해가 잘 가지 않겠지만 "생명의 영원성"을 믿는 사람들에게는 부활도 문제 될 것이 없다. 단지 "처녀탄생"에 대한 것은 생리학적으로 볼 때는 문제가 된다. 그러나 그것도 만물의 본바탕(성령)에서 본다면 문제될 것이 없다.

　문제는 역사의 왜곡이다. 경외서가 되었든지 공관복음서가 되었든지 이미 역사가 증명하는 일은 숨긴다고 숨겨지는 것이 아니다. 예수의 17년 역사는 도마복음서와 보병궁을 통해서 넉넉히 증명되고도 남는다. 그리고 예수가 십자가에서 내려져 불란서로 피신하여 84세까지 살았다고 하는 사실도 그 집안의 족보와 묘지가 확실히 증명하고 있다. 이것은 영국 법정에서 확인된 사실이며 BBC 영국중앙방송을 통하여 방영된 것이 책자(성혈과 성배)로 까지 나와 있다.

한국의 기독교인들은 대부분 이를 시인하지 않고 있지만 옛날 선각자들은 그런 것을 문제 삼지 않았다. 왜냐하면 예수는 기독교의 성자일 뿐 아니라 모든 인류가 존경하고 사랑하는 진리의 왕이기 때문이다.

가정이 있든지 없든지, 죽었다가 살았든지 말았든지 관계하지 않았다. 그의 3년 생활은 인류의 역사와 정의를 위해 헌신한 생명의 나침반이 되었기 때문이다.

2천년 전 서양 사람으로 동양에 와서 동양철학의 핵심이 되는 바라문교의 신학과 불교를 한꺼번에 배워 자연의 병리학과 천문학 지리학에 능통했는데 예수를 빼놓고 이러한 사람이 또 있는가 찾아보라. 그 뿐이 아니다. 티베트에 와서 기적의 신통술을 배우고 다시 이란에 들어가 헬리오폴리스 형제단에 입단, 중동지방의 비밀교와 우주과학까지 마스터하고 "그리스도"란 성자의 명호를 받았지 않은가. 그러므로 총독 빌라도도 "죄가 없다" 물리쳤으나 유대인들의 끈질긴 투쟁으로 결국 십자가에 못 박히는 액난을 겪었던 것이다. 그래서 그는 "죽어도 죽지 않는다."라고 예언하였던 것이다.

성경을 보라. 그가 남의 나라를 해치고 남의 종교를 저주한 일이 있는가! 후대에 예수를 추종하는 사람들이 그를 앞세워 세계를 정복했기 때문에 기독교와 천주교가 정복주의적인 종교라는 낙인이 찍혀 이교들로 하여금 비판을 받게 된 것이다.

그러므로 나는 진리 그 자체에 맞추어 이 글을 썼을 뿐 그후의 일에 대해서는 논하지 않았다. 불교고 기독교고 교주시대로부터 얼마만큼 떨어져 가면 교단 내에 분열이 생기면서 같은 교도들끼리 적대시 하는 경향이 생겨 이교도들보다도 더 무서운 투쟁을 해왔던 것이다.

사실 그것은 변질 정도가 아니다. 오히려 교주들의 얼굴에 멍을 들일 정도로 무자비하게 변질되었다. 만일 그것이 오늘 우리가 믿고 있는 종교라고 한다면 우리는 진정 가슴을 헤치고 무릎을 꿇고 회개하여야 할 것이다. 어떤 것이 천당이고 극락인지, 이 세상 사람들을 어떤 방법으로 지도하여 하나님의 말씀과 부처님의 행에 부합될 수 있게 할 것인지는 스스로 반성해 보면 알 것이다. 진리의 자명성을 위해서 성자들의 뼈아픈 고행을 체험하면서 우리는 다시 한번 역사 앞에 참회의 눈물을 흘려야 할 것이다.

나는 이 글을 쓰면서 심히 부끄러움을 금치 못했다.

2010년 9월15일

활안 한정섭 씀

<h1 align="center">일러두기</h1>

1. 성경을 흔히 여호와의 책·하나님의 말씀·생명의 말씀·진리의 말씀이라 하는데, 그 속에는 믿음과 정의, 화목·은혜의 말씀이 들어있기 때문이다.

2. 기독교에서 사용하는 신약성서에는 마태·마가·누가·요한 등 4대복음서가 중심인데, 여기서는 세계적으로 널리 익히 알려져 있는 보병궁복음서와 도마복음서도 곁들여 소개하였다.

3. 역사서로서 사도행전을 으뜸으로 치고 있으나 최근에 문제가 되었던 "성혈과 성배" 사건은 사도행전보다 더 큰 역사서로 부각되고 있다.

4. 바울서신으로는 로마서·고린도전후서·갈라디아서·에베소서·빌립보서·골로새서·데살로니가전후서·디모데전후서·디도서·빌레몬서가 있고,

5. 일반서신으로는 히브리서·야고보서·베드로전후서·요한 1, 2, 3서·유다서가 있다.

6. 그리고 예언서에는 요한계시록이 있다. 그러나 일반사람이 알기에는 너무 어려운 진언(眞言)이다.

목 차

구약성서와 신약성서

40여 명의 저자에 의해 1600년간 기록된 성서는
구약 39권과 신약 27권으로 기록되어 있는데

구약성서가 하늘의 뜻을
이스라엘 백성을 중심으로 계약한 것이라면
신약성서는 전 세계 인류와 연관된 계약서라 할 수 있다.

구약은 율법을 중심으로
이스라엘 역사와 대·소 선지자들의 예언이
중점적으로 기록되어 있으나
신약은 복음·역사·서신·예언이
중심이 되어 기록되어 있다.

먼저 출간된 「성서선해」는
구약을 중심으로 썼으므로
여기 「예수의 구도와 전법」에서는
신약을 중심으로 재정리하였다.
부처님의 뜻이 이 세상에 꽃을 피우듯
하늘의 뜻이 이 세상에 다시 한번 꽃피운다면
이 땅이 그대로 지상천국이 될 것이고
하늘 사람과 땅의 사람들이 함께 손을 잡고 살 것이다.

마태복음

마태복음은 12사도 중의 한 사람인
마태가 마가복음을 의지하여
서기 65년부터 70년 사이 안디옥에서
유대교에서 개종한 신자들에게 예수가 바로 메시야임을
인증하기 위해 기록한 편지이다.

예수는 다윗의 자손으로 하나님의 아들임을 증명,
산상수훈을 통해 제자의 자세를 가르치고
선교와 사도직을 가르쳤으며
하늘나라에 대한 비유를 들어
교회의 훈련과 교제에 대한 말씀을 하고
세상의 종말에 대하여 가르쳤다고 기록하고 있다.

그러므로 그리스도의 출현과 권세,
그에 대한 거부와 결정적인 상황을 알고자 하면
이 책을 통해 그리스도의 증언을 들어야 한다.

메시야에 대한 구약의 예언들이
여기 와서 성취되는 과정을 지켜볼 수 있기 때문이다.

Ⅰ. 예수의 탄생

아브라함이 이삭을 낳고 이삭은 야곱을 낳고
유다―베레스―헤스론―람―아미나답―나손―살몬―보아스
―오벳―이새―다윗왕(14)―솔로몬―르호보암―아비야―아사―
여호사밧―요람―웃시야―요담―아하스―히스기야―므낫세―아
몬―요시야―여고냐(14)―스알디엘―스룹바벨―아비훗―엘리아
김―아소르―사독―아킴―엘리웃―엘르아살―맛단―야곱―요셉
―예수(14)를 낳았다.

〈마태복음 1 : 1～17〉

보첩혈통(譜牒血統)
14×3＝42대다.
이것은 세속적인 족보다.
피와 살과 가문의 내력을 기록한 책

나라에는 왕보(王譜)가 있고
성현에게는 성보(聖譜)가 있으며
깨달은 사람들엔 불보(佛譜)가 있기 때문이다.

모친 마리아가 요셉과 정혼하고 동거하기 전에 성령으로 잉
태하였다.

〈마태복음 1 : 18〉

프뉴마(Pneuma)
성부·성자·성령
누구도 만들 수 없는 불가사의한 숨결
어머니는 생명을 낳지 못한다.
오직 길러주는 양육자다.

요셉의 꿈에 주의 사자가 현몽하여
"네 아내가 될 마리아에게 잉태된 자는 성령으로 된 것이라.
아들을 낳으리니 이름을 예수라 하라. 그는 자기 백성을 그들
의 죄에서 구원할 자이심이다."
라고 하였다.
요셉은 잠에서 깨어 일어나 사자의 분부대로 행하여 아들을
낳고 이름을 "예수"라 하였다.

〈마태복음 1 : 19~25〉

몽중사실(夢中事實)
꿈과 현실이 둘이 아니다.
히브리서 여호수아를
헬라식 이름으로 표기한 예수는
세상을 구하는 구원자(메시야)이다.

2. 동방박사들의 경배

    동방박사들이 예루살렘에 이르러 "유대인의 왕으로 나신 이가 어디 있느냐. 우리가 동방으로부터 그의 별을 보고 그에게 경배하러 왔노라" 하니 헤롯왕과 대제사장·서기관들이 듣고 "선지자가 이르기를 유대 베들레헴에서 그리스도가 태어난다." 하였던 바 헤롯이 박사들에게 그 아이를 찾거든 자기에게 고해 달라고 하였다. 박사들은 별이 멈추는 곳에 이르러 경배하고 보배합을 열어 황금과 유향과 몰약을 예물로 주고 떠났다.

〈마태복음 2:1~12〉

바이로자나(光明遍照)
이 빛은 성자에게만 나타나는 빛인데
인연 있는 자에게만 보여지게 된다.
김유신이 태어날 때도 동방에 밝은 빛이 나타났고
이순신이 돌아가실 때도 서방에 밝은 빛이 떨어졌다.
그러나 그것은 성령이 아니고 장군별이었다.

3. 애굽으로 피난 갔다 오다

    요셉이 꿈을 꾸니 "헤롯이 아기를 찾아 죽이려 하니 아기와 그의 모친을 데리고 애굽으로 피난하라." 하여 애굽에서 헤롯왕이 죽을 때까지 있었다. 헤롯왕은 두 살 이하의 아이들을 학살하였다. 헤롯왕이 죽고 그의 아들 아켈라오가 임금이 된 뒤 꿈에 지시하심을 받고 갈릴리 지방 나사렛에서 살았다.

〈마태복음 2 : 13~23〉

유사미륵(類似彌勒)
마이테리아(慈氏) 미륵의 탄생과 유사하다.
점사들이 그 시간과 연관된 아이들을 다 찾아 죽였으나
미륵만은 그의 삼촌에 의해 절에 피난되었다가
뒤에 부처님을 만나 수기를 받았다.

ㄴ. 세례 요한과의 관계

　세례 요한이 유대광야에서 전파하여 "회개하라 천국이 가까이 왔느니라." 하여 많은 사람에게 세례를 베풀었다. 요한은 "나는 물로 세례를 베풀지만 내 뒤에 오시는 이는 성령과 불로 세례를 베풀고, 알곡은 모아 곳간에 들이고 쭉정이는 꺼지지 않는 불에 태우시리라." 하였다.

　이때 예수께서 갈릴리로부터 요단강에 이르러 세례를 받으려 하니 "내가 당신에게서 세례를 받아야 하는데 당신이 내게로 오시나이까?" 하니 "우리가 이와 같이 하여 모든 의를 이루는 것이 합당하니라." 하고 세례를 받으셨다.

　예수께서 세례를 받으시고 물에서 올라오실새 하늘이 열리고 성령이 비둘기같이 내렸으며, 하늘로부터 소리가 있어 "이는 내 사랑하는 아들이요 내 기뻐하는 자라.” 하였다.

〈마태복음 3 : 1~17〉

제법실상(諸法實相)
모든 법은 사실대로다.

마음에 때가 없으면
천국이 그 속에 나타나고
마음에 때가 있으면
꺼지지 않는 불에 태워진다.

세례는 죽은 자를 위한 부활의식이니
죄가 있는 자는 살아도 죽은 자이고
죄로부터 벗어난 자는 죽은 자도 산 사람이다.

5. 광야의 구도

그때 예수께서 성령에 이끌리어 마귀에게 시험을 받으러 광야로 가서 40일을 밤낮으로 금식하니 시험하는 자가 예수께 나타나 “네가 만약 하나님의 아들이거든 이 돌들을 떡덩어리로 만들어 보라.” 하니 “사람이 떡으로만 살 것이 아니요 하나님의 말씀으로 살 것이다.” 하였다.

이에 마귀가 거룩한 성으로 데려가 성전 꼭대기에 세우고 “여기서 뛰어내리면 사자들이 너를 받들어 보호하리라.” 하니

"주 너의 하나님을 시험하지 말라." 하였다.

　마귀가 데리고 또 높은 산위로 올라가 "만일 나에게 엎드려 경배하면 천하만국의 영광을 네게 주리라." 하니 "주 너의 하나님께 경배하고 다만 그를 섬기라." 하였다. 이에 마귀가 물러나고 천사들이 와서 수종드니라.

〈마태복음 4 : 1~11〉

항마성도(降魔成道)
나, 내 것을 버리고
먹고 입고 자는 것을 떠나
마음의 신통을 이기고
진리를 따르는 자만이
세계와 인류를 구제할 수 있다.

마라 파피아(魔群)는 나, 내 것 속에서
나를 죽이는 원수이기 때문이다.

6. 전도의 시작

　예수께서 갈릴리로 물러가셨다가 나사렛을 떠나 스불론과 납달리 지경 해변에 있는 가버나움에 가서 "회개하라 천국이 가까이 왔느니라." 하시고, 베드로라 하는 시몬과 안드레 형제가 그물 던지는 것을 보고 "나를 따라오라. 내가 너희에게 사람을 낚는 어부가 되게 하리라" 하니 곧 그물을 버리고 따라

왔고, 또 다른 형제 곧 세베대의 아들 야고보와 요한이 그의
부친 세베대와 함께 배에서 그물 깁는 것을 보고 부르니 그들
이 모두 예수를 따라왔다.
　예수께서 회당에 이르러 천국의 복음을 가르치며 환자들(귀
신들린자·질병자·중풍병자 등)을 고치셨다.

〈마태복음 4 : 12~25〉

암야등대(暗夜燈臺)
어두운 길에 빛이 되고
죽음의 땅
그늘에 앉아있는 모든 사람들에게
의약이 되었다.

7. 산상설교(1)

　예수께서 무리들을 보시고 산에 올라가 앉으시니 제자들이
나오는지라. 가르쳐 이르시되
　심령이 가난한 자는 복이 있나니 천국이 저희 것임이요,
　애통하는 자는 복이 있나니 저희가 위로를 받을 것임이요,
　온유한 자는 복이 있나니 땅을 기업으로 받을 것임이요,
　의에 주리고 목마른 자는 복이 있나니
　저희가 배부를 것임이요,
　긍휼히 여기는 자는 복이 있나니
　저희가 긍휼히 여김을 받을 것임이요,

마음이 청결한 자는 복이 있나니
저희가 하나님을 볼 것임이요,
화평케 하는 자는 복이 있나니 천국이 저희 것임이라.
나로 인하여 너희를 욕하고 핍박하고, 거짓으로 너희를 거슬려 모든 악한 말을 할 때에는 너희에게 복이 있나니 기뻐하고 즐거워하라. 하늘에서 너희의 상이 큼이라. 너희 전에 있던 선지자들도 이같이 핍박하였느니라.
너희들은 세상의 소금이고 빛이라.
성내지 말고 간음하지 말고 맹세하지 말고 원수를 사랑하라.

〈마태복음 5 : 1∼48〉

보훈선포(寶訓宣布)
천국 시민의 여덟 가지 복과 조건을 설교하여
실천해야할 권리와 의무를 선포하였다.
용서하는 자에게 용서가 있나니
시험에 들지 말고 악에서 구원을 받도록 노력하라.
그리하면 지은 죄는 사해지고
일용할 양식이 풍부하여
뜻이 하늘에서 이룬 것 같이 땅에서도 이루어지리라.

8. 산상설교(2)

머리에 기름을 바르고 얼굴을 씻은 뒤 슬픈 기색을 나타내지 말고 금식하라.

좀과 동록 도적이 몰려오니 보물을 땅에 쌓아두지 말고 하늘에 쌓아두라.

하나님과 재물 둘 중에 하나는 선택되어야 하나니 두 가지를 겸하기는 어렵다. 그러니 무엇을 먹을까 염려하지 말라. 목숨이 음식이나 의복보다 중하기 때문이다. 새는 심지 않고 거두지 않고 저축하지 않되 하늘 아버지께서 기르신다. 무엇을 입을까 염려하지 말라. 백합화는 옷이 없어도 아름답다.

그러므로 내일 일을 위하여 염려하지 말라.

구하라 찾으라 문을 두드리라. 구하는 이마다 받을 것이요 찾는 이는 찾아낼 것이요 두드리면 구하고 열릴 것이다.

남에게 대접받고자 하면 남을 대접하라. 생명으로 들어가는 문은 좁고 협착하나니 찾는 이가 적으나, 넓은 지옥문엔 들어가는 자가 많다.

하늘에 계신 네 아버지의 뜻대로 행하라.

반석 위의 집은 무너지지 않고 모래 위의 집은 오래가지 못한다.

〈마태복음 6, 7장〉

공생의식(共生儀式)
금식은 공생의식이다.
육신의 욕망을 위해 하지 말고
여러 훈련을 위해 실천하라.

태어난 사람은
누구나 의·식·주를 부여받게 되어 있으니
삶을 걱정하여 불의를 저지르지 말라.

9. 머리 둘 곳이 없는 자

무리가 예수님을 에워쌌을 때 한 서기관이 아뢰었다.
"어디로 가시든지 저는 따르리이다."
그러자 예수께서는
"여우도 굴이 있고 새도 거처가 있으나 인자(人子)는 머리 둘 곳이 없도다."
하였다. 제자 한 사람이 부친의 장사를 허락해 주기를 바라자
"죽은 자들은 죽은 자들에게 맡기고 너는 나를 쫓으라."
한 뒤 배에 올라 깊이 잠이 들었다. 그런데 풍랑이 일자 제자들이 깨우므로
"어찌하여 무서워하느냐. 믿음이 적은 자들아."
하고 일어나서 바람과 바다를 꾸짖자 곧 잔잔하게 되었다.

가다라 지방에 가신 예수는 귀신들을 돼지 떼에 들여 몰사하게 하고 중풍병자를 걷게 하니 사람들이 두려워하여 하나님께 영광을 돌리며,
"나는 의인을 부르러 온 것이 아니라 죄인을 부르러 왔노라."
하는 말씀을 들었다.

그때 요한의 제자들이 나와 물었다.
"우리와 바리새인들은 금식하는데 왜 당신의 제자들은 금식하지 않습니까?"
"혼인집 손님들이 신랑과 함께 있을 동안 슬퍼할 수 있느냐. 그러나 신랑을 빼앗길 날이 있으리니 그때는 금식하리라. 생베

조각은 낡은 옷에 붙이지 않고 새 포도주는 낡은 부대에 넣지 않는다.”

그때 한 관리가 와서 딸이 죽었다 하자 예수께서 일어나 따라가시매, 길을 가는 중에 12년 동안 혈루증을 앓던 여인이 예수의 옷자락을 만짐으로써 낫게 되고, 관리의 딸도 살리셨다. 소경 두 사람의 눈을 띄우고, 귀신 들려 벙어리가 된 자를 말하게 하시며, 제자들에게

“추수한 것은 많은데 일꾼이 적도다.”

하였다.

〈마태복음 8 : 17~9장〉

신통묘용(神通妙用)
찬 방을 덥게 하고
더운 방을 차게 한 것은
전기의 이치를 아는 사람만이 할 수 있다.

어리석은 사람은 자신의 병만 치료할 줄 알되
세상의 고통을 구해줄 줄 모르며
일손이 부족한데도 멍하니 쳐다만 보고 있으니
이것은 믿음이 없는 탓이다.

10. 열두 제자

열두 제자는 베드로라 하는 시몬과 그의 형제 안드레

세베대의 아들 야고보와 그의 형 요한
빌립과 바돌로매, 도마와 세리 마태,
알패오의 아들 야고보와 다대오
가나나인 시몬과 가룟 유다이다.

예수께서 이들에게 귀신을 쫓고 병들고 약한 자를 고치는
권능을 주고 말했다.

"이방인의 길로 가지 말고 사마리아인의 고을에도 들어가지
말라. 오히려 이스라엘 집의 잃어버린 양에게로 가라. 천국이
가까이 왔으니, 병든 자를 고치고 죽은 자를 살리고, 문둥병자
를 깨끗하게 하고 귀신을 쫓아내라. 너희가 거저 받았으니 거
저 주라. 금이나 은·동을 가지지 말고, 여행을 위하여 배낭이
나 두 벌 옷이나 신이나 지팡이를 가지지 말라. 일꾼이 자기의
먹을 것 받는 것은 마땅함이니라.

어느 곳이고 합당한 자를 찾아 거기서 머물되 그 집의 평안
을 빌라. 만약 합당치 못하면 그 집을 떠나 발의 먼지를 떨어
버리라. 심판 날에는 소돔과 고모라 땅이 그 성보다 견디기 쉬
우리라. 내 너희를 보냄은 양을 이리 가운데 보내는 것 같으니
뱀같이 지혜롭고 비둘기같이 순결하라.

설사 저들이 너희를 공회에 넘겨 채찍질하고 나로 인하여
임금과 총독 앞에 끌려가더라도 두려워말고 성령이 이끄시는
대로 말하라. 내 이름을 인해서 사람들에게 미움을 받을 지라
도 견디는 자는 구원을 받으리라.

제자가 그 선생 같고, 종이 상전 같으면 족하리라. 그러니

두려워 말라. 나는 세상에 화평을 주러 온 것이 아니라 칼을
주러 왔노라.”

〈마태복음 10 : 1~42〉

전도형극(傳道荊棘)
하늘은 물이요
땅은 불,

비바람 몰아치고
우박이 쏟아진 뒤
강과 산이 하나가 되나니

아, 형제의 싸움이여,
부자·모녀의 죽음이여,
얻은 자가 잃고 잃은 자가 얻으니
세상에 언제나 뇌성벽력이 쉴 것인가!

11. 요한의 제자들과 예수의 증언

요한이 옥에서 듣고 제자들을 보내어 예수께 여쭈오되
“오실 그이가 당신입니까?”
“너희가 가서 듣고 보는 것을 요한에게 알리라. 맹인이 보며
못 걷는 사람이 걸으며, 문둥이가 나으며, 귀머거리가 들으며,
죽은 자가 살아나고, 가난한 자에게 복음이 전파된다 하라. 누

구든지 나로 인해 실족하지 않는 자는 복이 있다.”

하시니 요한의 제자들이 떠나갔다.

예수께서 무리들에게 요한에 대하여 말씀하셨다.

“여자가 낳은 자 중에서는 세례 요한보다 큰 자가 없다. 그러나 천국에서는 지극히 작은 자도 저보다 더 크다.”

예수께서 가장 권능을 많이 베푸신 고라신과 벳새다 사람들이 회개하지 않으므로 책망했다.

“화가 있을지니 소돔 땅이 너보다 견디기 쉬우리라.”

그리고 예수께서는 말씀하셨다.

“수고하고 무거운 짐진 자들아 나에게 와서 쉬라. 내 멍에는 쉽고 내 짐은 가벼움이니라.”

안식일에 예수께서 밀밭 사이로 가자 제자들이 시장하여 이삭을 잘라 먹는 것을 보고 바리새인들이 정죄하려고 하였다. 예수께서는 다윗과 함께한 자들이 성전 안에서 진설병을 먹은 것을 들어 자비를 원하시는 뜻을 안다면 정죄하지 않았을 것이고 예수께서 안식일의 주인이심을 말씀하셨다.

안식일에 예수께서 회당에 들어가 손 마른 자를 고치시자 무리들은 안식일에 병 고친 것을 비난하였다. 예수께서는 안식일에 구덩이에 빠진 양을 구할 것인데 사람이 양보다 귀함을 말씀하셨다.

또한 많은 병자를 고치니 바리새인들이

“귀신의 왕 바알세불을 힘입어 귀신을 쫓아냈다.”

고 하자

“사탄이 사탄을 쫓아내면 스스로 분쟁하는 것이니 스스로 분

쟁하는 것이면 어찌 그의 나라가 서겠느냐. 나는 하나님의 성
령을 힘입어 귀신을 쫓아냈다."
하셨다.

〈마태복음 11 : 1〜12 : 37〉

독사의 독(毒蛇之毒)
소가 물을 마시면 젖을 이루고
뱀이 물을 마시면 독을 이룬다.
지혜로운 사람의 깨달음은
생사를 벗어나지만
어리석은 자의 깨달음은
생사를 이룬다.

12. 비유의 설법

그때 서기관과 바리새인들이 표적을 요구하자, 예수께서는
요나의 표적 밖에는 보일 표적이 없다고 말씀하셨다.

예수께서는 바닷가에 앉아 네 가지 씨 뿌리는 비유를 말씀
하셨다. 같은 씨지만 떨어지는 장소에 따라 길가에 뿌려져 새
밥이 되고, 돌밭에 뿌려져 햇볕에 타서 죽고, 가시떨기에 뿌려
져 가시덩굴의 장애를 받고, 좋은 땅에 뿌려져 100배 60배 30
배의 결실을 이루는 비유였다.

그리고 천국은 겨자씨와 같고 누룩과 같으며, 밭에 감추인
보화, 좋은 진주를 구하는 장사, 바다에 치고 물고기를 모는 그

물과 같다고 말씀하셨다.

예수께서 비유를 마치시고 고향에 갔으나 고향사람들이

"저는 목수의 아들이고 마리아의 아들이며, 야고보·요셉·시몬·유다의 형제가 아니냐. 그런데 이 지혜와 능력이 어디서 난 것인가."

하고 예수를 배척하였다.

〈마태복음 12 : 38~13 : 58〉

어복생환(魚腹生還)
바구라는 고기 뱃속에 있다가
3일 만에 되살아나 160세를 살았고

요나는 고기 뱃속에서 회개하고
거듭 태어나 니느웨가 하늘의 심판 받을 것을 예언하였다.

비유는 천국의 비밀로
은닉의 수단을 가지고 있다.

순종자에게는 축복이 들어 있으나
불순종자에게는 심판이 들어있다.

13. 요한의 죽음과 예수의 기적

분봉왕 헤롯이 그의 동생 빌립의 아내 헤로디아를 취하자 요한은 '당신이 그 여자를 취한 것이 옳지 않다.'며 책망하였고 이에 헤롯은 요한을 잡아 옥에 가두었다. 헤롯은 민중이 두려워 요한을 감히 죽이지 못하고 있었다.

그런데 헤롯의 생일날 헤로디아의 딸이 연석에서 춤을 추어 헤롯의 마음을 기쁘게 하자

"네 소망이 무엇이냐?"

물으니, 헤로디아의 딸은 제 어머니의 시킴을 듣고

"요한의 머리를 소반에 담아 달라."

하였다. 헤롯은 망설이다가 자신의 맹세한 바 있으므로 사람을 시켜 요한의 머리를 베어 소반에 담아 그에게 주니 그 어미가 가져간 일이 있었다.

그런데 헤롯은 예수의 소문을 듣고 죽은 요한이 다시 살아난 것 아닌가 하고 생각을 하였다.

예수께서 이를 들으시고 배를 타고 떠나사 빈들에 나가니 많은 무리들이 따라왔다. 제자들이 저녁 식사를 걱정하자 그들이 가지고 있던 떡 다섯 개와 물고기 두 마리를 가지고 축사하여 5천명이 먹고도 열두 바구니가 남았다.

예수께서 즉시 제자들을 재촉하여 바다를 건너게 하고 자신은 홀로 산에 올라 기도하다가 제자들이 밤중에 풍파를 만나 고난을 당하므로 바다 위로 걸어가 그들을 구하였다.

게네사렛 땅에 이르러서도 많은 환자들을 구원하였다.

〈마태복음 14 : 1~36〉

미오지간(迷悟之間)
깨달은 사람과 어리석은 사람의
차이가 이러하니라.

사람은 덩어리 음식을 먹으나
귀신은 촉식(觸食)하고
성현은 감로식(甘露食)을 한다.

사람은 미치면 개만도 못하나니
눈에 보이는 것이 있겠는가.

산이 산이 아니고 물이 물이 아니니
성현은 가는 곳마다 평탄하다.

14. 바리새인들과 가나안 여인

그때 바리새인들과 서기관들이 예수께 항의하였다.
"당신의 제자들이 떡 먹을 때 손을 씻지 않아 장로들의 유전을 범했습니다."
"그대들은 어찌하여 너희의 전통으로 하나님의 계명을 범하는가. 이사야가 말하지 않았던가. 입술로 나를 존경하되 마음은 내게서 멀다고…"

제자들이 나아와 이것이 바리새인들에게 걸림이 되지 아니할까 걱정하자,

"그냥 두어라. 천부께서 심지 아니한 것은 뽑힐 것이다. 입으로 들어간 것은 뒤로 나오지만 입으로 나오는 것은 마음에서 나오는 것이니 악한 생각과 행동이니라."

예수께서 다시 두로와 시돈 지방으로 들어가시니 귀신이 들린 딸을 가진 여인이 울고 따라오며 구원을 청하였다.

"내 딸이 흉악한 귀신에 들렸나이다. 도와주소서."

"나는 이스라엘 집의 잃어버린 양 이외는 다른 데로 보내심을 받지 않았다. 자녀의 떡을 취하여 개에게 주는 자는 마땅치 않다."

"그렇습니다. 그러나 주여, 개들도 제 주인의 상에서 떨어진 부스러기를 먹나이다."

"네 믿음이 크도다. 네 소원대로 되리라."

즉시 딸의 병이 나았다.

예수께서 다시 갈릴리 호숫가에 이르니 절뚝발이·소경·벙어리들이 들어와서 병을 고쳐주고 하나님께 영광을 돌렸다.

그리고 제자들에게 있는 떡 일곱 개와 생선 두 마리를 가지고 4천명을 나누어 먹이시고 일곱 광주리나 남게 하였다.

바리새인과 사두개인들이 마가단 지경에 와서 하늘로부터 오신 표적을 요구하였으나

"너희는 날씨는 분별할 줄 알면서 시대의 표적은 분별할 수 없느냐. 악하고 음란한 세대가 표적을 구하나 요나의 표적 밖

에는 보여줄 표적이 없다.”
　하고 그들을 떠나셨다.

〈마태복음 15 : 1～16 : 12〉

　허공무적(虛空無迹)
　하늘엔 자취가 없다.

　개도 부스러기를 주워 먹을 줄 아는데
　사람이 어찌 하늘의 소식을 모른단 말인가.

15. 베드로의 고백

　예수께서 빌립보 가이사랴 지방에 이르러 제자들에게 사람
들이 인자를 누구라 하는가 물었다.
　“세상 사람들은 세례 요한·엘리야·예레미야나 선지자 중의
하나라고 말합니다.”
　예수께서 다시 물으시기를
　“너희는 나를 누구라 하느냐?”
　이에 베드로가 말하였다.
　“주는 그리스도시요 살아계신 하나님의 아들이시니이다.”
　“네가 복이 있도다. 이를 알게 한 이는 하늘에 계신 내 아버
지이니 내가 이 반석 위에 교회를 세우고 천국의 열쇠를 네게
줄 것이다.”

예수께서는 자신의 죽음과 부활을 제자들에게 처음으로 말씀하셨다.

"내가 예루살렘에 올라가 장로들과 대제사장 서기관들에게 고난을 받고 죽임을 당하고 제3일에 살아나게 될 것이다."

베드로가 예수께 그리하지 말 것을 항변하자

"사탄아 물러가라. 너는 하나님의 일을 생각하지 않고 사람의 일을 생각하는도다. 누구든지 나를 따르는 자는 십자가를 지고 쫓으라. 제 목숨을 구하고자 하는 자는 잃을 것이고 나를 위하여 목숨을 잃는 자는 찾으리라."

〈마태복음 16 : 13~28〉

여병주수(如瓶注水)
스승을 아는 자는 제자만한 사람이 없고
제자를 아는 것은 스승만한 사람이 없다.
육적(肉的)인 사람은
영적(靈的) 세계를 이해할 수 없나니
육을 버리는 자가
영적 삶을 할 수 있기 때문이다.

16. 변화산의 예수

엿새 후 예수께서 베드로·야고보·요한과 함께 높은 산에 올라갔는데, 예수의 얼굴이 해같이 빛나며 옷이 빛과 같이 희어졌더라.

이에 베드로가 초막 셋을 지어 하나는 주를 위하고 하나는 모세를 위하고 하나는 엘리아를 위하여 하리이다 하니 갑자기 빛나는 구름이 덮으며 구름 속에서 소리가 들렸다.

"이는 내 사랑하는 아들이요 기뻐하는 자니 너희들은 그의 말을 들으라."

저들이 산에서 내려올 때 예수께서 말씀하셨다.

"인자가 죽은 자 가운데서 살아날 때까지는 자신들이 본 것을 누구에게도 말하지 말라."

예수께서는 간질로 심히 고생하는 자에게서 귀신을 내쫓아 병이 낫게 하였고, 죽임을 당하고 제3일에 살아나실 것을 다시 말씀하셨다.

가버나움에 이르니 베드로에게 낚시에 걸려온 고기 입속에서 한 세겔을 얻어 두 사람(예수와 베드로) 몫을 내게 하고, 제자들에게 어린아이들과 같이 되지 아니하면 천국에 들어가지 못한다고 말씀하셨다.

〈마태복음 17 : 1~18 : 11〉

예언약속(豫言約束)
예언은 약속이다.
숨겨진 것을 밝히고
가르치고 권고하고 위로한 예언은
은사의 깊은 뜻을 내포하고 있다.

살아있는 사람이
죽음을 약속해 어렵다 하는데

하물며 죽지 않은 사람이
죽었다 살아날 것을 약속하는 일이겠는가!

17. 용서와 이혼에 대한 가르침

"하나님의 뜻은 양 백 마리 중 단 하나도 잃지 않는 데 있다.… 네 형제가 죄를 범하거든 가서 권고하고, 듣지 않거든 두세 증인의 입으로 말마다 확증하게 하고, 그들의 말도 듣지 않거든 교회에 말하라.

너희 두 사람이 땅에서 합심하여 무엇이든지 구하면 하늘에 계신 네 아버지께서 이루게 하시리라.

일곱 번씩 일흔 번까지라도 용서하라. 너희가 마음으로부터 형제를 용서하지 아니하면 하나님도 용서하지 않을 것이다."

예수께서 말씀을 마치시고 갈릴리를 떠나 요단강을 건너 유대 지경에 이르니 큰 무리가 따르거늘 거기서 저희들의 병을 고치자 바리새인들이 물었다.

"사람이 아무 연고 없이 그 아내를 버리는 것이 옳습니까?"

"하나님이 짝지어 주신 것을 사람이 나누지 못할 것이다."

"그러면 어찌하여 모세는 이혼 증서를 주어서 버리라 명하였습니까?"

"너희 마음의 완악함 때문이다. 누구든지 음행한 연고 외에 아내를 버리고 장가들면 간음한 것이 된다."

그때 사람들이 예수께서 안수하고 기도해 주심을 바라고 어린 아이들을 데리고 오니 예수께서 천국이 저희 것임이라 하고 그들에게 안수하시고 떠나셨다.

<마태복음 18 : 12～19 : 15>

일지두선(一指頭禪)
하나 속에 전체가 들었다.
두 사람이 한번 합쳤으면
이미 한 몸이 되었거늘
다시 나눈다고
두 몸이 될 수 있겠는가.

지키고 못 지키는 것은
자기에게 달려있으니
종이쪽지를 가지고
어린아이들을 능욕해서는 안 될 것이다.

18. 영생의 길과 섬김

어떤 사람이 와서 물었다.
"무슨 선한 일을 하여야 영생합니까?"
"계명을 지켜라. 살인하지 말고 간음하지 말고 도둑질하지 말고 거짓증거를 하지 말고 네 부모를 공경하고 이웃을 사랑하라."
"이 모든 것을 내가 지켰사온대 아직도 무엇이 부족합니까?"

“네가 온전하고자 하면 네 소유를 팔아 가난한 자에게 주고 나를 따르라. 그리하면 하늘에서 보화가 네게 있으리라.”

그 청년이 재물이 많으므로 근심하고 가니 예수께서는

“부자는 천국에 들어가기가 낙타가 바늘구멍에 들어가는 것 같이 어렵다.”

“그렇다면 누가 구원을 얻을 수 있습니까?”

“사람으로서는 할 수 없으나 하나님으로서는 다 하실 수 있느니라.”

예수께서는 포도원 품꾼의 비유를 통해 나중 된 자로서 먼저 되고 먼저 된 자로서 나중 되리라 하고 말씀하셨다.

예수께서 예루살렘으로 올라가려 하실 때 열두 제자를 따로 데리시고 자신의 죽음과 부활에 관하여 세 번째 일렀다.

“보라. 내가 저들에게 붙들려 십자가에 못 박히나 제3일에 살아나리라.”

그때에 세베대의 아들의 어미가 그 아들들을 데리고 와서 구하였다.

“나의 이 두 아들이 주의 좌우에 앉게 하소서.”

“내가 마시려는 잔을 너희가 마실 수 있겠느냐. 내 좌우편에 앉는 것은 하나님께서 누구를 위하여 예비하셨든지 그들이 얻을 것이니라.”

열두 제자가 듣고 그 두 형제에게 분히 여기자 예수께서 말씀하셨다.

“너희들 가운데서 크고자 하는 자는 너희를 섬기는 자가 되고, 으뜸이 되고자 하는 자는 너희의 종이 되어야 한다. 내가 온 것은 섬김을 받으려 함이 아니고 섬기려 하고 자기 목숨을 많은 사람의 대속물이 되고자 함이니라."

〈마태복음 19 : 16~20 : 28〉

영생계(永生戒)
어떤 사람이 와서 물었다.
"무슨 일을 하여야 영생합니까?"
"계명을 지켜라."

종두종과(種豆種果)
콩 심어 콩을 거두듯

밥은 생명의 음식이고
계(戒)는 영생의 음식이다.

하늘의 보좌는
육신으로 얻어지는 것이 아니고
영으로 구해지는 것이니

앉히는 자도 사람이 아니고 하늘이다.
탐하는 자는 낙타 바늘귀다.

19. 예루살렘 입성과 성전 청결

소경들이 길가에 앉았다가 예수가 지나가신다 함을 듣고 눈

뜨기를 구하니 은혜를 베풀어 눈을 뜨게 하니 그들이 예수를 따라왔다.

감람산 벳바게에 이르러 예수께서 맞은 편 마을에 매인 나귀와 나귀새끼를 풀어 내게로 가져오라 하여 그것을 타고 예루살렘에 들어가실 때 사람들이 따라오며 자기의 겉옷과 나뭇가지를 베어 길에 펴고 소리 높여 찬양하였다.
"호산나 다윗의 자손이여 찬송하리로다."
예수께서 성전 안에서 장사하는 사람들을 쫓아냈다.
"기록된 바 내 집은 기도하는 집이라 일컬음을 받으리라 하였거늘 너희는 강도의 소굴을 만드는도다."
이에 대제사장들과 서기관들이 예수께서 하시는 이상한 일과 또 성전에서 '호산나 다윗의 자손이여' 하며 소리를 지르는 사람들을 보고 노하였다. 예수께서는 성밖 베다니에 가서 유하였다.

이른 아침에 성으로 들어오실 때에 시장하여 무화과나무에 갔으나 열매가 없으므로
"이제부터 영원토록 네게 열매가 없으리라."
하니 그 자리에서 나무가 말랐다.
이에 제자들이 이상하게 여기자
"만약 너희들의 믿음이 있고 의심하지 않으면 이 무화과나무에게 된 이런 일만 할 뿐 아니라 이 산더러 들려 바다에 던져지라 하여도 될 것이요 기도할 때에 무엇이든지 믿고 구하는 것은 다 받으리라."

예수께서 성전에 들어가 가르치니 대제사장들과 장로들이 물었다.

"누가 그대에게 이런 권세를 주었느냐."

예수께서 되물으셨다.

"요한의 세례가 어디로부터 왔느냐?"

대제사장들과 장로들이

"우리가 알지 못하겠다."

하자 예수께서도

"나도 무슨 권세로 이런 일을 하는지 너희에게 이르지 아니하리라."

하여 답변하지 않았다.

예수께서 포도원 농부의 비유를 말씀하시자 대제사장과 바리새인들이 자기들을 비유한 것으로 알고 예수를 잡으려 하였으나 무리들이 예수를 선지자로 알기에 두려워 잡지 못하였다.

〈마태복음 20 : 29~21 : 46〉

사자입성(獅子入城)

인간의 사자, 코끼리가 입성하니
종교를 팔아먹는 사람들이 모두 쫓겨 나갔다.

성당·교회는 기도하고 예배하는 곳이지
장사하는 곳이 아니기 때문이다.

주인을 몰라보는 나무는 죽어 마땅하며
믿고 뉘우치지 않는 자는 세리·창기들만도 못하다.

어찌 두 아들 포도원 소작인에 대한
비유이겠는가.

20. 가이사의 것은 가이사에게

예수께서 말씀하였다.

"천국은 자기 아들을 위하여 혼인잔치를 베푼 어떤 임금과
같으니 청함을 받은 자는 많지만 택함을 입은 자는 적으니라."

그때 바리새인들이 어떻게 하면 예수를 말의 올무에 걸리게
할까 상의하고 그의 제자들과 헤롯 당원들을 예수께 보냈다.

"가이사에게 세를 바치는 것이 옳습니까, 옳지 않습니까?"

예수께서 데나리온에 있는 형상이 누구인지 물으며

"가이사의 것은 가이사에게, 하나님의 것은 하나님께 바치
라." 하셨다.

부활이 없다고 믿는 사두개인들이 그 날에 예수께 물었다.

"모세께서 사람이 만일 자식이 없이 죽으면 형을 위해 동생
들이 장가들어 후사를 세우라 하였는데, 만약 7형제가 있어 차
례로 취했다면 부활 때는 누구의 아내가 되는 것입니까?"

"부활 때는 장가를 안 가고 시집도 안 가고 하늘에 있는 천
사들과 같으니라."

바리새 율법사가 예수께 와서 물었다.

"율법 중에는 어떤 계명이 큽니까?"

"네 마음을 다하고 목숨을 다하고 뜻을 다하여 주 너의 하나님을 사랑하는 것이 첫째 계명이 되고, 네 이웃을 네 몸과 같이 사랑하는 것이 둘째 계명이니라."

바리새인들이 모였을 때에 예수께서 물으셨다.

"너희는 그리스도가 누구의 자손이라 생각하는가?"

"다윗의 자손이니이다."

예수께서 말씀하시되

"다윗이 그리스도를 주라 칭하였은즉 어찌 그의 자손이 되겠느냐."

하시니 한 마디도 능히 대답하는 자가 없었다.

그리고 무리와 제자들에게 이르셨다.

"서기관들과 바리새인들이 모세의 자리에 앉았으니 그들이 말하는 바는 지켜 행하되 그들의 행위는 본받지 말라. 무거운 짐을 묶어 사람의 어깨에 지우되 자기는 한 손가락으로도 움직이려 하지 아니하니… 화 있을진저, 그들은 천국의 문을 닫고 자신들도 들어가지 아니하면서도 남들까지 들어가지 못하게 하는 자들이다."

〈마태복음 22 : 1~23 : 39〉

외식자망(外飾者亡)

외식자는 망한다.

회칠한 무덤은

겉은 화려하여도 속에는 시체가 있다.

잔과 대접은 깨끗하나
속에는 탐욕과 방탕이 꽉 차 있다.

십일조는 챙기면서 하늘은 버렸으니
외식자는 망한다 한 것이다.

21. 재난과 재난

예수께서 성전의 훼파에 대하여 말씀하시고 감람산 위에 앉아 계실 때 제자들이 물었다.

"언제 그런 일이 일어나며 세상 끝은 어찌 하나이까?"

"많은 사람들이 '나는 그리스도라' 하며 사람들을 미혹한다. 민족과 민족, 나라와 나라가 대적하고 곳곳에 기근이 일어나고 지진이 일어나면 이것이 재난의 시작인 줄 알아라. 그때 사람들이 너희들을 환난에 넘겨 죽일 것이다. 불법이 성하므로 사람의 사랑이 식으리라.

그때에 유대에 있는 자들은 산으로 도망할지어다. 지붕 위에 있는 자는 집으로 들어가지 말고 밭에 있는 자는 걸옷을 가지러 가지 말라. 아이들과 임산부들의 피해가 클 것이다.

그 날 환난 후에 해와 달, 별들이 빛을 잃고 하늘의 권능이 흔들릴 것이고 그들이 인자가 구름을 타고 나팔소리와 함께 큰 영광으로 오는 것을 보리라.

그러나 그 시기는 오직 하나님만이 아실 것이다. 그러므로 깨어 있으라. 주인이 오면 충성되고 지혜 있는 종들에게 복이

있으리로다. 등을 들고 신랑을 맞는 열 처녀와 같이 깨어 있어
라. 주인이 외유할 때 주인의 부탁을 받고 집을 지키며 돈을
늘린 종과 같이, 인자가 자기 영광으로 모든 천사들과 함께 올
때 자기 영광의 보좌에 앉으리라.”

〈마태복음 24 : 1~25 : 46〉

대왕의 복전(大王福田)
주릴 때에 먹을 것을 주고
목마를 때 마시게 하고

나그네 되었을 때 영접하고
벗었을 때 입혀주시고

병들고 갇혔을 때 돌보아주신 이여,
지극히 작은 것 속에 큰 은혜가 있나이다.

22. 최후의 만찬

예수께서 이 말씀을 다 마치시고 십자가에 못 박힐 것을 예
언하였다. 그때 가야바라 하는 대제사장이 예수를 잡아 죽이고
자 의논하다가 유월절에는 사람들이 많이 모이니 소요가 일어
날까 두려우니 명절에는 하지 말자고 하였다.

그때 한 여자가 매우 귀한 향유 한 옥합을 가지고 나아와서
예수님의 머리에 부었다. 이를 낭비로 생각한 제자들이 분개하

였으나 예수께서는

"이 여자가 내 몸에 향유를 부은 것은 내 장사를 위해서 한 것이다. 이 복음이 전파되는 곳에서는 이 여자가 행한 일도 말하여 그를 기억하리라."

하였다.

그때 12제자 중 가룟 유다가 대제사장들에게 은 삼십을 받고 예수를 넘겨주기로 작정하였다.

예수께서 제자들과 함께 마지막 만찬을 위해 떡과 포도주를 나누시며 '이것이 나의 몸이고 피'라고 하셨다.

그 때에 예수께서 제자들에게 말씀하셨다.

"오늘 밤에 너희가 다 나를 버리리라."

그러자 베드로가 말하였다.

"모두 주를 버릴지라도 저는 결코 버리지 않겠습니다."

이에 예수께서 말하였다.

"그대가 닭 울기 전에 세 번 나를 부인 하리라."

이에 예수는 제자들을 데리고 겟세마네에 이르러

"내 마음이 심히 고민하여 죽게 되었으니 너희는 물러나 나와 함께 깨어 있으라."

말씀하시고 기도하였다.

"주여, 만일 할 만하시거든 이 잔을 내게서 지나가게 하옵소서. 그러나 나의 원대로 마옵시고 아버지의 뜻대로 하옵소서."

〈마태복음 26 : 1~46〉

혈육주병(血肉酒瓶)
이스라엘이 에굽으로부터 해방된 날
예수는 이 언약의 실천을 위하여
그 제자들에게 피와 살을 먹였다.
순종과 헌신 약속의 이행을 위하여.

23. 베드로의 부인(否認)과 유다의 죽음

유다가 대제사장들과 장로들에게서 파송된 큰 무리들과 함께 와서 예수를 잡기 위해 미리 짠 군호대로 예수께 입을 맞추었다. 이때 칼을 들고 있던 자(베드로)가 대제사장의 종(말고)을 쳐 귀를 떨어뜨리니 예수께서 칼을 거두라고 하고 일렀다.

"칼을 가지는 자는 칼로 망하느니라."

하자 제자들이 모두 도망갔다.

예수가 무리에게 잡혀 대제사장 가야바에게로 가니 서기관과 장로들이 모여 있었다. 대제사장들과 온 공회가 예수를 죽이려고 그를 칠 거짓 증거를 찾으매

"예. 저 자가 성전을 헐고 사후에 지을 수 있다 하였습니다."

하였다. 대제사장이 예수께 묻되

"그대가 하나님의 아들 그리스도인지 우리에게 말하라."

"너희들이 내가 권능의 오른편에 앉은 것과 하늘 구름을 타고 오는 것을 보리라."

이에 대제사장이 옷을 찢으며 말하였다.

"참담한 말이로다. 어찌 더 증인을 요구하리요. 이는 사형에

해당하니라.”

이에 예수의 얼굴에 침 뱉고 주먹으로 치고 손바닥으로 때리며 조롱하였다.

“우리에게 선지자 노릇을 해보라. 너를 친 자가 누구냐?”

그때 베드로가 바깥뜰에 앉았다가 비자가

“이 자가 예수와 함께 있었다.”

하니 세 번 부인하자 닭이 곧 울었다. 베드로는 밖으로 뛰쳐나가 통곡하였다. 이에 예수가 빌라도에게 끌려가자 유다가 양심에 가책을 받고 은 30을 내놓고 자살하자 그 돈으로 토기장의 밭을 사 나그네들의 묘지로 만드니 피값에 의해 이루어진 땅이라 하여 지금까지 피밭(아겔다마)이라 부른다.

총독 빌라도가 예수께 물었다.

“그대가 유대인의 왕이냐?”

“네 말이 옳도다.”

명절이 되면 죄수 한 사람을 놓아주는 풍습을 따라 빌라도가 무리에게 물었다.

“예수와 바라바 중 누구를 살려주면 좋겠느냐?”

“바라바입니다.”

빌라도가 손을 씻으며

“이 사람의 피에 대해서는 무죄하니 너희가 당하라.”

하자 예수를 데리고 관정(官庭)으로 들어가 홍포를 입히고 가시관을 씌어 희롱한 뒤 홍포를 벗기고 도로 그 옷을 입히고 십자가에 못 박으려 끌고 갔다.

〈마태복음 26 : 47~27 : 31〉

일념삼천(一念三千)
한 생각이 3천대천세계를 덮다.

이와 같은 모습 이와 같은 마음
이와 같은 체력 이와 같은 작용은
이와 같은 인연과보에 의해
털끝만큼도 틀리지 않다.

24. 십자가 형벌과 부활

가다가 구레네 사람 시몬을 만나 십자가를 지우고 골고다(해골의 곳)에 이르러 쓸개 탄 포도주를 주었으나 마시지 아니하였다. 그들이 예수를 십자가에 못 박고 제비뽑아 그 옷을 나누고 거기 앉아 지켰다.

지나가는 자들은 자기 머리를 흔들며 예수를 모욕했다.

"그대가 하나님의 아들이라면 십자가에서 내려오라."

제6시로부터 9시까지 어두움이 짙어지니 예수께서 외쳤다.

"엘리 엘리 라마 사막다니(하나님 나의 하나님 어찌하여 나를 버리셨나이까)"

거기 섰던 사람 중 한 사람이 해면에 포도주를 적셔 목을 축여주었다. 예수께서 크게 소리를 지르시고 영혼이 떠나시자 성소의 휘장이 찢어져 둘이 되고 땅이 진동하여 바위가 터졌으며 무덤들이 열리고 잠들었던 성도들이 많이 일어났다.

이를 본 백부장과 예수를 지키던 자들이 '이는 진실로 하나님의 아들이었다.'라고 하며 두려워하였다.

저물었을 때에 아리마대의 부자 요셉이 빌라도에게 가서 예수의 시체를 달라 하여 세마포로 싸서 바위 속 무덤에 넣어두고 큰 돌을 굴려 무덤 문에 놓고 가니 막달라 마리아와 다른 마리아가 문 앞에 앉아 있었다.

대제사장들과 바리새인들이 빌라도를 찾아와 말했다.

"저 자가 3일 후에 살아난다 하였으니 무덤을 잘 지켜야 합니다."

"그렇다면 파수꾼을 시켜 힘대로 잘 지키라."

하여 문을 인봉하고 무덤을 굳게 지키니라.

안식후 첫날 미명(未明)에 막달라 마리아와 다른 마리아가 무덤을 보려고 갔더니 그 형상이 번개 같고 흰눈 같은 옷을 입은 천사들이

"예수께서 말씀하신 대로 이미 살아나 갈릴리로 가시나니 거기서 너희가 뵈오리라."

하여 뛰어가니 예수께서 그들을 만나 말씀하셨다.

"평안하뇨. 무서워말라. 가서 내 형제들에게 갈릴리로 가라 하라. 거기서 나를 보리라."

대제사장들이 모든 된 일을 듣고 군인들을 매수하여

"밤중에 그의 제자들이 시체를 도둑질해 갔다 하라."

하니 그 이야기가 유대인들에게 널리 퍼져 지금까지 전해지고 있다.

제자들 11명은 갈릴리에 가서 예수를 만나니 예수께서는 다

음과 같이 말씀하셨다.

"하늘과 땅의 권세를 내게 주셨으니 너희는 가서 모든 민족을 제자로 삼아 아버지와 아들과 성령의 이름으로 세례를 주고 내가 너희에게 분부한 모든 것을 가르쳐 지키게 하라. 볼지어다. 내가 세상 끝날까지 너희와 항상 함께 있으리라."

〈마태복음 27 : 32∼28 : 20〉

이사명연(理事冥然)
일과 이치가 둘이 아니다.
부처님은 관 밖으로 두 다리를 뻗어 내놓았고
달마대사는 죽은 지 3년 만에 총령에 나타났으며
사르밧 과부의 아들과 수넴 여인의 아들
엘리사의 뼈에 닿은 시체, 야이로의 딸
모두가 죽었다 살아난 사람들이니
보지 못한 자는 알 수 없으리라.

마가복음

마가는 유대인 요한의 본 이름으로
베드로의 통역자였는데
바나바의 조카로 알려져 있다.

그의 집은 여러 사람이 모여서 기도하기 편리하였으므로
예수님께서 마지막 만찬을 그 집 다락방에서 하게 하였고
부활하신 후에도 성도 120명과 함께
기도한 미리아의 집이다.

마가복음은 신약성서 가운데 두 번째 책으로
내용은 가장 짧으나 맨 먼저 기록되어
마태복음과 누가복음의 기초가 된다.

예수님의 고난과 죽음,
예루살렘 만찬과 체포
빌라도의 심문과 처형,
부활이 생생하게 묘사되어 있다.

Ⅰ. 세례 요한의 예언

선지자 이사야의 글에

"내가 내 사자를 보내 네 길을 예비하리라. 광야에 외치는 소리 있어 이르되 너희는 주의 길을 예비하라."

기록된 것과 같이 세례 요한이 광야에 이르러 죄사함을 받게 하는 회개의 세례를 전파하니 온 유대지방과 예루살렘 사람들이 나아가 세례를 받고 참회하였다.

요한은 낙타털 옷을 입고 허리에 가죽띠를 띠고 메뚜기와 석청을 먹으면서 전파하였다.

"나보다 능력 많으신 이가 내 뒤에 오리라. 나는 물로 세례하지만 그는 성령으로 세례하리라."

그런데 예수께서 갈릴리 나사렛으로부터 요단강에 와 요한의 세례를 받으니 하늘이 갈라지면서 성령이 비둘기같이 자기에게 내려오심을 보고

"너는 내 사랑하는 아들이라. 내가 너를 기뻐하노라."

외치는 소리를 들었다.

〈마가복음 1 : 1~11〉

지자이지(知者而知)

아는 자는 알고

듣는 자는 보고 듣는다.

세상이 어떻게 돌아간다는 것을!

그러나 미련한 사람들은
먹고 입고 자는 것에 팔려
예비된 첩경의 길도 보지 못하고
오직 물로 죄를 씻을 줄만 안다.

2. 광야에서의 시험과 전도

성령이 곧 예수를 광야로 몰아내 예수께서 사탄에게 시험을 받으시고 천사들이 수종들더라.

예수는 요한이 잡힌 후 갈릴리에서 전도를 시작하였다.

그리고 시몬과 그의 형제 안드레에게 '사람 낚는 어부가 되게 하리라.' 하시자 그들이 따르게 되었고, 세베대의 아들 야고보와 그 형제 요한도 마찬가지였다.

가버나움에서는 안식일에 사람들을 가르치고, 귀신이 그가 나사렛 예수인 줄 알고 도망갔다.

회당을 나와 야고보와 요한과 함께 시몬과 안드레의 집에 들어가시니 시몬의 장모가 열병으로 누워있는지라 손을 잡아 일으키니 일어나 수종들므로 소문이 온 동네에 퍼져 귀신들린 사람과 나병환자들을 치료하였다.

가버나움에 이르러서는 네 사람이 메워 가지고 온 중풍환자를 그 죄를 사하여 일어나게 하고, 자기가 누운 상을 가지고 집으로 돌아가니 모든 사람들이 놀라지 아니할 수 없었다.

바닷가에 나가서는 세관에 앉아 있는 알패오의 아들 레위를 불러 따르게 하고 세리와 죄인들과 함께 잡수시니 바리새인들과 서기관들이 보고 이상스럽게 생각하자

"나는 의인을 부르러 온 것이 아니고 죄인을 부르러 왔노라."

하셨다.

그리고 요한의 제자들과 바리새인들이 와서 예수의 제자들이 금식하지 않음에 대하여 말하자 다음과 같이 말씀하셨다.

"혼인집 손님들이 신랑과 함께 있을 때는 금식할 수 없지만 신랑을 빼앗긴 날이 오면 금식하리라. 생베 조각을 낡은 옷에 붙이지 않으며, 새 포도주는 새 부대에 담아야 하느니라."

또한 예수와 그 제자들이 안식일에 밀밭을 지나가며 이삭을 자르니 바리새인들이 안식일에 하지 못할 일을 한다고 항의하자 다윗의 일을 상기시키며 말씀하셨다.

"안식일은 사람을 위해 있는 것이요, 사람이 안식일을 위해 있는 것이 아니다."

〈마가복음 1 : 12∼2 : 28〉

관념청소(觀念淸掃)
물에 빠진 아기를 보고
갓 쓰고 서있는 선비는 양반이 아니다.

쓸데없는 관념 속에
세상의 고통을 저버리는 것은
진정한 종교가 아니므로
새 포도주는 새 부대에 담아야 한다 한 것이다.

3. 성령을 훼방하는 죄

예수께서 회당에 들어가 한쪽 손 마른 자를 치료하니 사람들은 예수를 고발하려 하자 손 마른 자를 한 가운데에 일어서라 하시고 말씀하셨다.

"안식일에 선한 일하는 자와 악한 일하는 자와, 생명을 구하는 것과 죽이는 것 어느 것이 옳으냐?"

예수께서 곧 병을 치료하시고 바닷가로 나아가시니 예루살렘·이두매·요단강 건너편과 두로·시돈 근처에서 수많은 사람들이 몰려왔다.

예수께서 산 위에 올라 열두 제자를 세우니 이들에게 자기와 함께 있게 하시고 또 보내사 전도도 하며 귀신을 쫓는 권능도 가지게 하려 하심이었다.

예루살렘에서 내려온 서기관들은 예수가 바알세불이 지펴 귀신을 쫓는다 하니 예수께서 말했다.

"사탄이 어떻게 사탄을 쫓아낼 수 있느냐. 사탄이 자기를 거슬러 일어나 분쟁하면 설 수 없고 망하느니라."

그리고 성령을 훼방하는 자는 영원히 사함을 얻지 못할 것이고, '하나님의 뜻대로 하는 자는 모두가 내 형제요 부모'라 말씀하신 후 배를 타고 바다 가운데 앉아 육지에 있는 사람들께 씨 뿌리는 비유로써 말씀하셨다.

"한 알의 씨앗이 좋은 땅에 떨어져 잘 자라면 30배 60배 100배의 결실을 얻나니, 귀 있는 자는 들으라."

다시 등불과 겨자씨의 비유를 들어 설명하였다.

"드러내려 하지 않고는 숨긴 것이 없고, 나타내려 하지 않고는 감춘 것이 없다."

<마가복음 3 : 1~4 : 34>

책주귀신(嘖主鬼神)
동양에는 책주귀신이 있어
귀신들을 쫓아냈는데
서양에는 바알세불이 있어 귀신을 쫓아냈다.

그러나 귀신은 귀신을 쫓아내지 못하나니
사탄이 사탄을 쫓아내면 세상이 뒤집어지기 때문이다.

겨자씨는 작아도 세상을 복되게 하고
등불은 작아도 어두운 세상을 비춘다.

4. 풍랑을 재우고 고향에 가다

그날 저녁 제자들에게 바다 건너로 가자 하니 제자들이 배를 이끌었는데 예수께서는 고물에서 잠이 들었다. 그런데 갑자기 광풍이 불어 제자들이 두려워 예수를 깨우니

"어찌하여 그렇게 두려워하느냐."

하고 바다와 바람을 나무라니 그대로 잠잠해졌다.

바다를 건너 거라사인의 지방에 가니 더러운 귀신들린 사람이 쇠고랑을 차고 무덤 옆에서 튀어나왔다.

"네 이름이 뭐냐?"

"군대입니다."

더러운 귀신들이 돼지에게로 들어가기를 청하였고 예수께서 허락하자 더러운 귀신들이 돼지에게로 들어갔다. 2천 마리의 돼지들은 떼로 몰려 바다로 들어가 몰사하였다. 이에 귀신 들렸던 자가 당한 것과 돼지의 일을 본 자들이 그들에게 알리매 그들이 예수께 그 지방에서 떠나기를 간구하였다.

다시 배를 타고 저편으로 건너가니 회당장 야이로가 와서 자기 딸이 죽게 되었으니 살려달라고 간구하였다. 예수께서 야이로의 딸에게 가는 중에 12년 동안 혈루증을 앓고 있던 한 여인이 예수님 옷에 손을 대고 나음을 받았다.

다시 야이로의 딸에게 가는 중에 사람들이 와서 야이로의 딸이 죽었다고 하였으나 예수께서는 야이로의 집에 가서 죽은 아이의 손을 잡고 외쳤다.

"달리다굼(일어나라)"

이에 소녀가 곧 일어나 걸었다.

그러나 고향에 가서는 배척을 받았고, 모든 촌을 두루 다니시며 가르치셨다. 그리고 열두 제자를 불러 이렇게 말씀하시고 둘씩 짝지어 파송하였다.

"누구든 여행하는 지팡이 이외 양식·주머니·전대의 돈을 갖지 말고 신만 신고 두 벌 옷을 입지 말라. 어디서든지 누구의 집에 들어가거든 그곳을 떠나기까지 거기 유하라. 만약 너

희를 영접하지 않고 말을 듣지 않거든 거기를 떠날 때는 발의
먼지를 떨어버려 그들에게 증거를 삼으라."

〈마가복음 4 : 35∼6 : 13〉

삼매현전(三昧現前)
마음이 안정되면
물도 빠뜨리지 못하고
바람도 흔들지 못한다.

그러나 고향사람들은
관념에 젖어 있으므로
쉽게 제도하기 어려웠다.

더러운 귀신이
돼지 속에 들어가 물에 빠져 죽기 전에는
한 사람도 구원할 수 없었다.

전도자는 하늘과 같이
빈 마음으로 출발해야 하므로
일체의 소유를 허락지 않았다.

5. 기적 속에 나타난 믿음

　　세례 요한이 헤롯왕의 부인 헤로디아의 딸 원을 따라 죽고,
제자들이 그의 시체를 장사지냈으나 헤롯왕은 예수의 일들을

들고 자신이 목 벤 세례 요한이 죽은 자 가운데서 살아난 것으로 생각하였다.

예수가 배를 타고 한적한 곳으로 가니 따라온 사람들이 5천 명이 넘었다. 때가 저물어가매 먹을 것이 없어 제자들이 고민하니 떡 다섯 개와 물고기 두 마리로 5천 명을 나누어 먹이고 열두 바구니가 남게 되었다.

저물매 배를 타고 노를 젓고 있던 제자들은 예수께서 바다 위를 걸어서 자기들에게 오는 것을 보고 놀라기도 했다. 건너가 게네사렛 땅에 이르러 여러 환자들을 구했다.

예수와 제자들이 예루살렘에 갔을 때 제자들이 손을 씻지 않고 떡을 먹으니 바리새인들과 서기관들이 말하였다.

"유대인들은 음식을 먹을 때 반드시 손을 씻은 뒤에 먹는데 당신의 제자들은 부정한 손으로 음식을 그냥 먹는가?"

예수께서 장로들의 유전으로 하나님의 뜻을 훼손하는 바리새인들과 서기관들을 꾸짖으며 말씀하셨다.

"진실로 외식자는 입으로는 존경하면서도 마음은 멀어 있도다. 모세는 네 부모를 공경하라 하고, 하나님을 섬기라 하였는데 그대들은 어찌 입으로만 하나님을 섬기는가?"

두로 지경에 귀신 들린 어린 딸의 귀신을 내쫓아 치료해주길 원하는 한 여인이 있었는데 그 여인은 헬라인이요 수로보니게 족속이었다.

"우선 자녀를 배불리 먹게 할지니 자녀의 떡을 개에게 주지 않는 것이 마땅하도다."

예수께서 이렇게 말씀하시니 그의 어미가
"개도 상에서 떨어진 부스러기를 먹고 삽니다."
"돌아가라. 귀신이 네 딸에서 떨어져 나갔도다."
가서 보니 딸에게 들린 귀신이 나갔고 병이 나아 침대에 누
워있었다.

다시 시돈과 데가볼리를 지나 갈릴리 호숫가에 이르니 사람
들이 귀먹고 말 더듬는 자를 데리고 와서 안수해주기를 바라자
예수께서 손가락을 그의 양 귀에 넣고 침 뱉어 그의 혀에 손을
대시며
"에바다(열려라)!"
하시니 곧 귀가 열리고 혀가 맺힌 것이 풀렸다.

또 4천명이 넘는 사람들이 모여 먹을 것이 없으므로 떡 일
곱 개와 작은 생선 두 마리로 축사하여 4천명을 나누어 먹이고
도 일곱 광주리가 남았다.

〈마가복음 6 : 14~8 : 9〉

변식진언(變食眞言)
『나막살바다타아아 바로기제 옴 사마라 사마라 훔』
한번 하면 배가 되고 두 번 하면 배가 배가 되어
열번 하면 백이 천이 되고 백이 만이 된다.

하늘에 제사를 지내면서도
하늘에서 내려온 사람을 대접할 줄 모르니 외식자다.
진실하면 막힌 자가 뚫어지고 굽은 자가 퍼진다.

6. 신심의 표적

사람들을 흩어 보내고 배를 타고 달마누다 지방으로 가니 바리새인들이 표적을 요청하였으나 표적을 보이지 않았다.

제자들이 떡 한개 밖에 없다고 걱정하자
"아직도 깨닫지 못했느냐. 너희들은 바리새인들의 누룩과 헤롯의 누룩을 조심하라."
고 하시며 제자들을 경계하였다.

벳새다에 이르러 소경을 고치고, 빌립보 가이사랴 여러 마을로 나가실새 길에서 제자들에게 물었다.
"사람들이 나를 누구라 하느냐?"
"더러는 세례 요한, 더러는 엘리야, 더러는 선지자 중의 하나라고 합니다."
또 물으시되
"너희는 나를 누구라 하느냐?"
하시니 베드로가 대답하였다.
"주는 그리스도입니다."
예수께서 말씀하셨다.
"나의 일을 아무에게도 말하지 말라. 인자가 많은 고난을 받고 죽임을 당하고 사흘 만에 살아날 것이다. 나를 따라오려거든 자기를 부인하고 자기 십자가를 지고 나를 따를 것이니라."

그 뒤 베드로와 야고보와 요한을 데리고 높은 산에 올라가 그들 앞에서 변형되사 베드로가 초막 셋을 지어 바칠 것을 서원하였다.

〈마가복음 8 : 10~9 : 13〉

운장만리(雲藏萬里)
구름 속에 빛이 있다.

하늘의 꽃이
산봉에 피어오르니
천개의 해가 한꺼번에 뜬 것같이
밝은 빛이 삼천대천세계를 비추네.

7. 섬기는 자가 되어라

그때 벙어리 귀신들린 아이를 데리고 오자
"믿는 자에게 능치 못하는 일이 없다."
하고, 귀신을 꾸짖으니 아이가 심히 경련을 일으켜 쓰러졌다가 일어났다. 제자들이 물었다.
"왜 저희들은 귀신을 쫓아내지 못했습니까?"
"기도 외에 다른 것으로는 이런 종류가 나갈 수 없느니라."

예수께서 두 번째 수난에 대한 말씀을 하시자 제자들은 이 말씀을 깨닫지도 못하고 묻기도 두려워하였다.

가버나움에 이르러 제자들이 '누가 크냐'에 관해 쟁론함을
아시고, 예수님께서 말씀하셨다.
"첫째가 되고자 하면 뭇 사람의 끝이 되어야 하고, 뭇 사람
을 섬겨야 하리라."

요한이 예수님께 여쭈었다.
"우리를 따르지 않는 어떤 자가 주의 이름으로 귀신을 내쫓
는 자가 있어 우리를 따르지 않으므로 금하였나이다."
"금하지 말라. 우리를 반대하지 않는 자는 우리를 위하는 자
니라. … 너희들은 죄의 유혹에 빠지지 말고 소금을 두고 서로
화목하라."

예수께서 유대 지경에 들어가니 바리새인들이 예수를 시험
하기 위해 이혼에 관하여 물었다.
"사람이 아내를 버리는 것이 옳으니이까?"
"누구든지 그 아내를 버리고 다른 데에 장가든다든지 남편을
버리고 시집가는 자는 간음을 행함이라."

그때 사람들이 어린아이들을 데리고 오니 제자들이 꾸짖었
으나 예수님은 그들을 안고 안수하고 복을 주었다. 그때 한 사
람이 물었다.
"내가 무엇을 하여야 영생을 얻으리이까?"
"계명을 지키라. 그리고 네게 있는 것을 다 팔아 가난한 자
들에게 주라."

〈마가복음 9 : 14～10 : 45〉

신위공덕(信爲功德)
믿음은 공덕의 어머니요
일체의 선근을 길러준다.

지상에서 계명을 잘 지키는 자는
천당 가는데 걱정할 것 없으니
가난한 것을 원망하지 말고
핍박받는 것을 한탄하지 말라.

8. 첫째 가는 계명

여리고에 이르자 소경 바디매오가 소리질렀다.
"다윗의 자손 예수여, 나를 불쌍히 여기소서."
"너의 믿음이 너를 구원하는도다."
하니 그가 곧 보게 되어 예수를 길에서 따르니라.

예수께서 예루살렘 가까이 와서 감람산 벳바게와 베다니에
이르러 제자 중 둘을 보내시며 말씀하셨다.
"맞은편 마을로 가서 아직 아무도 타보지 않은 나귀 새끼가
매여 있는 것을 보리니 풀어 끌고 오라."
제자들이 나귀 새끼를 끌고 와서 겉옷을 그 위에 얹으시니
예수께서 타고 예루살렘을 향하셨다. 사람들이 따라오며 겉옷
과 나뭇가지를 길에 펴며 환호하였다.
"호산나 찬송하리로다."

성전에 들어가신 후 날이 저물어 열두 제자를 거느리고 베다니에 이르렀다. 이튿날 거기서 나왔을 때에 무화과나무에 열매가 없음을 보시고 저주하였다.

"영원토록 사람이 네게서 열매를 따 먹지 못하리라."

예루살렘 성전에 들어가서는 '이곳은 만민이 기도하는 집'이라 하시며 매매하는 자들을 내쫓으시며 돈 바꾸는 자들과 비둘기 파는 자들의 상을 둘러 엎으셨다.

이튿날 아침 지나갈 때에 저주받은 무화과나무가 뿌리째 말라있었다.

"믿으면 산도 들어 바다에 던질 수 있다. 의심하지 말라."

하고 다시 성전에 들어가 거니실 때에 대제사장들과 서기관들이 물었다.

"무슨 권세로 이런 일을 하는가?"

이에 예수께서 되물으셨다.

"요한의 세례가 하늘로서인가 사람에게서인가?"

답변을 하지 못하자 예수님도 답변하지 않았다.

이에 예수께서 포도원의 비유를 들어 말하니 자기들을 가리켜 말씀하심인 줄 알고 잡으려 하였으나 무리들을 두려워하여 예수를 두고 가니라.

바리새인과 헤롯당 중에서 온 사람들이 예수를 시험하고자 질문하였다.

"가이사에게 세금을 바치는 것이 옳습니까?"

“가이사의 것은 가이사에게, 하나님 것은 하나님께 바치라.”

또 부활을 믿지 않는 사두개인들이 예수께 물었다.
“모세의 율법에 의하면, 형이 자식 없이 아내를 두고 죽으면 동생이 그 아내를 취하여 후사를 세운다고 합니다. 칠 형제가 있는데 맏이가 아내를 취하여 후사 없이 죽고 둘째도 셋째도 일곱이 다 후사가 없고 마지막에 여자도 죽었다면 부활 때 그 중에 누구의 아내가 됩니까?”
“부활할 때에는 장가도 가지 않고 시집도 가지 않고 하늘에 있는 천사들과 같으니라.”
이를 듣고 있던 한 서기관이 물었다.
“모든 계명 중에 첫째가 무엇입니까?”
“첫째는 주 너의 하나님을 사랑하는 것이고, 둘째는 네 이웃을 네 몸과 같이 사랑하라 하신 것이다.”
〈마가복음 10 : 46~12 : 37〉

호산나(救援者)여,
장님·벙어리·귀머거리·
절름발이·앉은뱅이
모든 구원자들에게
은혜를 베푸는 자여.

그러나 그대는
세 번이나 고난을 호소해도
알아주는 자 없구나.

9. 연보궤와 가장 큰 재난

예수께서 연보궤를 대하여 앉으사 돈 넣는 것을 보니 여러 부자는 많이 넣는데 한 가난한 과부는 두 렙돈(한 고드란트)을 넣었다. 제자들에게 말했다.

"보라. 저 가난한 과부는 가난한 중에서 자기의 모든 소유 곧 생활비 전부를 넣었느니라."

그리고 성전이 무너질 것과 큰 환난에 대해 말씀하셨다.

"장차 이 성전이 돌 위에 돌 하나도 남기지 않고 허물어지리라.… 그대들은 사람의 미혹을 받지 말라. 형제가 형제를, 자식이 부모를 죽이는데 넘겨주리라. 멸망의 가증한 것이 서지 못할 곳에 선 것을 보거든 그대들은 산으로 도망가되 집으로 들어가지 말라.… 무화과 잎이 연하여지고 잎사귀를 내게 되면 여름이 가까이 온 줄 알라. … 그날 그 시간을 정할 수 없다. 주의하라 깨어 있어 언제나 주인을 맞을 준비를 하라."

유월절과 무교절을 앞두고 유대인들이 예수를 어떻게 잡아 죽일 것인가 모의하며 '민요(民搖)가 날까 하노니 명절에는 하지 말자.' 하였다.

예수께서 베다니 문둥이 시몬 집에서 식사할 때 한 여자가 값진 향유 한 옥합을 머리에 부으니 제자들은 낭비인 줄 생각하고 꾸짖었다. 이에 예수님께서는 말씀하셨다.

"그는 힘을 다하여 내 몸에 향유를 부어 장사를 미리 준비한 것이다. 복음이 전파되는 곳에는 이 여자가 행한 일도 말하여 그를 기억하리라.”

그런데 열두 제자 중 유다가 바리새인들에게 돈을 받고 예수를 넘겨줄 것을 약속하였다.

무교절의 첫날 곧 양 잡는 날에 날이 저물매 열두 제자를 데리시고 큰 다락방에서 유월절 만찬을 드시게 되었다.

“이 가운데 나를 파는 자가 있으리라. 그 사람은 차라리 나지 않았다면 좋을 뻔 하였느니라.”

그리고 그들이 먹을 때에 떡과 포도주를 나누어 주면서

“받으라 이것은 내 몸이요, 이것은 많은 사람을 위하여 흘리는 나의 피 곧 언약의 피니라.”

하였다. 이를 먹고 마시매 찬미하고 감람산으로 가니라. 그리고 예수께서 제자들에게 이르시되

“옛 기록에 목자를 치리니 양들이 흩어지리라 하였으니 장차 너희가 다 나를 버리리라 그러나 내가 살아난 후에 너희보다 먼저 갈릴리로 가리라.”

하였다. 이에 베드로가 말하였다.

“다 버릴지라도 저는 그러하지 않겠나이다.”

“오늘 밤 닭이 울기 전에 네가 세 번 나를 부인하리라.”

“제가 주와 함께 죽을지언정 주를 부인하지 않겠습니다.”

그리고 겟세마네에 이르러 제자들에게

“내가 기도하는 동안 너희들은 여기 머물러 깨어 있으라.”

하고 기도하셨다.

〈마가복음 12 : 41~14 : 42〉

예비장사(豫備葬事)
무심한 가운데 진실이 나타난다.
자기도 모르는 사이에 귀한 기름을 부었으니
이것이 예수를 장사지내는 일인 줄 누가 알 것인가.

가장 가까운 사람이 가장 먼 사람이다.
그러나 자기를 판 사람에게 예수는 피와 살을 먹였다.
부모가 죽으면 따라 죽는다 한 사람도
사흘만 지나면 저 혼자 먹고 산다.

10. 십자가에서 죽으시다

가룟 유다가 와서 예수님과 입 맞추니 대제사장들과 서기관들과 장로들에게서 파송된 자들이 칼과 몽둥이를 가지고 와 예수께 손을 대어 잡았다.

제자들은 다 예수를 버리고 도망갔고 예수는 대제사장 앞에 섰다. 예수를 쳐서 거짓 증언하는 자는 많으나 그 증언이 서로 일치하지 않았다. 대제사장이 예수께 묻기를

"네가 찬송 받을 이의 아들 그리스도냐?"

"내가 그니라. 인자가 권능자 오른쪽에 앉는 것과 하늘 구름을 타고 오는 것을 보리라."

하니 대제사장이 자신의 옷을 찢고 사형에 해당하는 자로 정죄하고 어떤 사람은 침을 뱉고 주먹으로 치며 조롱하였다.

그때 대제사장의 비자가 베드로를 보고

"이가 예수와 함께 있었다."

하니 베드로가 세 번 부인하고 밖으로 뛰어나가 통곡하였다.

새벽에 대제사장들이 공회와 더불어 의논하고 예수를 결박하여 빌라도에게 넘겼다. 빌라도가 예수께 물었다.

"그대가 유대인의 왕이냐?"

"네 말이 옳도다."

명절이 되면 백성들이 요구하는 대로 죄수 하나를 놓아주게 되어 있는데, 빌라도는 '유대인의 왕' 예수와 바라바 가운데 누구를 살려주면 좋겠는가 물었다. 이에 대제사장들이 무리를 충동하여 바라바를 놓아 달라 하게 하였다.

그리고 빌라도는 '유대인의 왕'을 어찌할까 물으니 무리들은 십자가에 못 박으라고 하였다. 빌라도는 무리에게 만족을 주고자 바라바를 놓아주고 예수를 채찍질하여 십자가에 못 박도록 넘겨주었다.

군병들이 브라이도리온이라 하는 뜰 안으로 끌고 가 붉은 옷을 입히고 가시면류관을 씌우고 '유대인의 왕이여 평안할지어다.' 하고 갈대로 머리를 치고 침을 뱉고 꿇어 절하는 등 온갖 희롱을 다 하였다.

이렇게 희롱하는 것이 끝나자 자색옷을 벗기고 도로 그의 옷을 입혀 끌고 가는데 마침 알렉산더와 루포의 아비인 구레네 사람 시몬이 시골로부터 와서 지나가다가 예수의 십자가를 지고 가게 되었다. '해골의 곳'이라 하는 골고다에 이르러 몰약 탄 포도주를 주니 예수가 받지 않으셨다.

제3시에 예수를 십자가에 못 박고 그 밑에서 제비를 뽑아 옷을 나누었다. 제6시가 되매 온 땅에 어둠이 임하더니 제9시가 되어 예수께서 큰 소리로 '엘리 엘리 라마 사박다니'라고 말씀하셨다. 한 사람이 해면에 신 포도주를 적셔 머금게 하였다. 예수께서는 다시 큰 소리를 지르고 숨지셨다.

예수를 향하여 섰던 백부장이 '이 사람은 진실로 하나님의 아들이었다.' 하였다.

멀리서 바라보고 있던 여자들도 있었는데 막달라 마리아와 또 작은 야고보와 요세의 어머니 마리아와 살로메가 그들이다.

아리마대사람 요셉이 와서 빌라도에게 와서 시체를 달라고 하니 죽은 것을 확인하고 내어주었다. 요셉은 세마포로 싸서 바위 속에 판 무덤에 장사지냈다.

〈마가복음 14 : 43∼15 : 47〉

불시척도(不視尺度)

한치 앞도 내다보지 못하는 어리석은 사람들이여,
죄패 유대인 왕과 좌우 강도 십자가에 침을 뱉으며
"아하, 성전도 헐고 사흘 만에 짓는다 장담한 사람이여,
남을 구원하면서도 자기는 구원할 수 없구나."

함께 죽는 자들도
"그리스도여, 십자가에서 내려와
우리도 보고 믿게 하소서."
하고 욕하였다.

11. 부활승천

　이튿날 아침 막달라 마리아와 야고보의 어머니 마리아와 살로메가 향품을 사가지고 무덤으로 가니 흰옷을 입은 한 청년이 오른편에 앉아 있다가
　"나사렛 예수는 부활하여 여기 계시지 않다."
　하니 두렵고 놀라 도망쳐 나왔다.
　예수께서 막달라 마리아에게 먼저 보이시고, 시골로 가는 두 제자에게도 나타났으며, 또 11제자가 음식 먹을 때에도 나타나
　"너희는 온 천하에 다니며 만민에게 복음을 전하라. 믿고 세례를 받으면 모두 구원을 얻으리라. 내 이름으로 귀신을 쫓아내며 새 방언을 말하라."
　하고 하늘로 올라가 하나님의 오른쪽에 앉으셨다.
〈마가복음 16 : 1~20〉

삼소시현(三所示現)
여인들과 두 제자,
십일 명에 나타난 예수는
예수가 아니라 그는 이미 승천의 사자였다.

하늘에서 내려온 자는 하늘로 올라가고
땅에서 사는 사람은 땅속에 잠들게 되니
고난 속에서 영광이 있는 걸 누가 알겠는가.

누가복음

누가복음은 신약성서 세 번째 책으로
누가가 데오빌로 각하에게 보낸 편지다.
예수님의 지상생활에 대한 묘사가
가장 문학적·예술적으로 묘사되었다.

예수님의 탄생과 유아기에 대한 이야기와
갈릴리와 예루살렘에서 사역하신 일들,
그리고 수난과 고행 속에 부활하신 일들이 기록되어 있다.

어린 아이·여자·병든 자·가난한 자들과
그리고 버림받은 사람들,
이방인들을 어떻게 보살필 것인가를
구체적으로 설명하고 있다.

어리석은 부자 이야기,
잃어버린 양에 대한 이야기
돌아온 탕자의 비유,

부자와 나사로, 바리새인과 세리이야기는
당시 여러 곳에서 유행된 이야기였지만
때에 맞추어 적당히 조화를 이룸으로써
예수의 생애에 걸맞은 이야기들로 부각되고 있다.

1. 두 위대한 탄생의 예고

유대왕 헤롯 때에 아비야 반열 제사장에 사가랴가 있었는데, 그의 아내 엘리사벳이 하나님께 기도하여 요한을 낳게 되었다. 여섯째 달에 천사 가브리엘이 갈릴리 나사렛이란 동네에 와서 다윗의 자손 요셉과 약혼한 마리아에게

"은혜를 받은 자여, 평안할지어다. 주께서 너와 함께 하시도다. 무서워 말라. 네가 하나님의 은혜를 얻었으니 아들을 낳으면 이름을 예수라 하라."

하니 마리아가 물었다.

"나는 사내를 알지 못하는데 어찌 이 일이 있으리이까?"

"성령이 네게 임하시고 지극히 높으신 이의 능력이 너를 덮으시리니 이러므로 나실 바 거룩한 이는 하나님의 아들이라 일컬어지리라."

이 때에 마리아가 유대 사가랴의 집에 들어가 엘리사벳에게 말하니 엘리사벳이 성령을 충만함을 받아 말했다.

"여자 중에 네가 복이 있으며 네 태중의 아이도 복이 있도다. 내 주의 모친이 내게 오셨으니 어찌된 일인가."

마리아가 찬송하였다.

"내 마음이 하나님 구주를 기뻐함은
계집종의 비천함을 돌아보지 않고
만세에 복을 내리심이로다.

긍휼함이 두려워하는 자에게 대대로 이르고
그 팔의 힘으로 교만한 자들을 흩고
권세 있는 자들을 내쳐 비천한 자들을 높이고

주린 자들을 배부르게 하고 부자를 공수로 내셨으니
이는 이스라엘을 돕고 기억한 것이로다.
아브라함과 그 자손에게 영원하시리로다."

〈누가복음 1 : 1~55〉

부사의 부사의(不思義不思義)로다
노인이 아기를 배고
처녀가 수태함이여,

모태로부터 성령을 받아
주린 자를 배부르게 하고
거스르는 자를 의롭게 하리라.

2. 세례 요한의 출생

석달쯤 있다가 마리아가 돌아가니 엘리사벳은 아이를 낳아 이름을 요한이라 부르게 되었다. 부친 사가랴에게 가브리엘 천사가 요한의 수태를 예고할 때 이 놀라운 일이 이루어질 때까지 사가랴가 말을 못하게 될 것이라고 하였는데 아이 요한이 출생하면서부터 다시 말을 하게 되니 세상 사람들이 이 모든 일을 듣고 놀라며 '주의 손이 저와 함께 하리라.' 하였다.

그의 부친 사가랴가 성령의 충만함을 입어 예언하였다.

찬송하리로다. 주 이스라엘의 하나님이여,
그 백성을 돌아보사 속량코자
구원의 뿔을 다윗의 집에 일으키셨도다.
이는 우리로 하여금 원수의 손에서 건지심을 입고
돋는 해가 우리를 비춰 어두움의 그늘을 걷으심이니
우리 발을 평강의 길로 인도하심이로다.

〈누가복음 1 : 56~80〉

대왕의 시자(大王侍者)
왕이 출행하려면
시자가 먼저 나가 길을 닦듯
하늘의 일도 그렇고 땅의 일도 그렇다.
하늘의 일을 잘 아는 사람이
하늘을 모시게 되나니
다윗의 집은 신령으로 꽉 차 있었다.

3. 예수의 탄생

　그때 가이사 아구스도가 영을 내려 호적을 하라 하므로 각
각 고향에 돌아가 호적하러 가니 갈릴리 나사렛 동네 베들레헴
에서 아기를 낳아 강보에 쌓아 구유에 뉘어놓고 있었다. 목자
들이 밖에서 양떼를 지키는데 천사들이 둘러싸고 있는 것을 보
고 두려워하자 천사들이 말했다.
　"두려워하지 말라. 구주가 나셨으니 곧 그리스도 주이시니라.
지극히 높은 곳에서는 하나님께 영광이요 땅에서는 하나님이
기뻐하신 사람들 중에 평화로다."

　제8일에 할례하고 이름을 예수라 한 뒤 예루살렘으로 데리
고 가 주께 드리고 의인 시므온이 '주의 그리스도를 보기 전에
는 죽지 않으리라.' 하더니 아기를 보고
　"내 눈이 주의 구원을 보았으니 이를 만민 앞에 예비하신 것
이요, 이방을 비추는 빛이요, 영광이로다."
　하였다.

　또 아셀 지파 바누엘의 딸 안나가 7년 동안 섬기던 남편을
잃고 과부가 되고 84세가 될 때까지 주야금식으로 성전을 지키
며 기도하였는데 마침 이때에 나아와서 하나님께 감사하고 예
루살렘의 속량을 바라는 모든 사람에게 그에 대하여 말하니라.
　아기 예수가 자라며 강하여지고 지혜가 충만하며 하나님의
은혜가 그의 위에 있더라.

〈누가복음 2 : 1∼40〉

아는 자는 안다(智者而知)
아시타 선인이 싯다르타의 탄생을 보고
출가·입산·수도·성불할 것을 예언하듯
시므온과 안나가 예수의 장래를 예언하였으니
이는 하늘의 시킨 바요 마음이 열린 바이다.

천사들의 환호 속에 목자들이 기뻐하니
사가랴의 마음속에 기쁨의 꽃이 피었고
마리아의 가슴에는 사랑의 열매가 맺혔도다.

4. 요한의 전도와 소년시절의 예수

예수의 부모가 다른 유대인처럼 해마다 유월절이면 예루살렘으로 갔는데, 예수의 나이 12세에 부모가 절기의 관례를 마치고 돌아갈 때에 예수께서 부모를 따라오지 않아 다시 찾아가니 성전에 앉아 선생들과 문답하고 있었다.
어머니가 물었다.
"어찌하여 우리에게 이렇게 하였는가?"
"내가 내 아버지 집에 있어야 될 줄을 알지 못하셨군요."
그 부모가 그 말이 무슨 뜻인지 알지 못했다.

디베료 황제 통치 15년에 빌라도가 유대의 총독이 되고 헤롯이 갈릴리의 분봉왕이 되고, 동생 빌립은 이두래와 드라고닛의 분봉왕, 루사니아는 아빌레네의 분봉왕이 되었고, 안나스와

가야바가 대제사장으로 있을 때 하나님의 말씀이 빈들에 있는
요한에게 임하여 회개의 세례를 전파하였다.
　이에 예수도 세례를 받고 성령이 강림하는 것을 보았는데,
세례 요한은 헤롯이 그의 동생 헤로디아의 일음 책망함으로 인
하여 감옥에 갇히게 되었다.

〈누가복음 2 : 41~3 : 22〉

하자시세(何者是洗)
어떤 것이 세례인가.
옷 두 벌 있는 자는
없는 자에게 나누어 주고
먹을 것도 마찬가지다.

정한 세 이외에는 추징하지 않는 것이
세리의 세례이고
군병들은 강포하지 않고
무소하지 않는 것이 세례다.

장차 오는 사람은
성령과 불로 심판하는 것으로 세례 할 것이니
알곡은 곳간에
쭉정이는 꺼지지 않는 불에 던져질 것이다.

5. 예수의 족보

　예수가 30세 때쯤 되어 사람들을 가르치기 시작하였는데, 그때 사람들이 아는 족보는 다음과 같았다.
예수—요셉—맛닷—레위—멜기—얀나—요셉—맛다디아—아모스—나훔—에슬리—낙개—마앗—맛다디아—서머인—요섹—요다—요아난—레사—스룹바벨—스알디엘—네리—멜기—앗디—고삼—엘마담—에르—예수—엘리에서—요림—맛닷—레위—시므온—유다—요셉—요남—엘리아김—멜레아—멘나—맛다다—나단—다윗—이새—오벳—보아스—살몬—나손—아미나답—아니—헤스론—베레스—유다—야곱—이삭—아브라함—데라—나홀—스룩—르우—벨렉—헤버—살라—가이난—아박삿—셈—노아—레멕—므두셀라—에녹—야렛—마할랄렐—가이난—에노스—셋—아담—하나님

〈누가복음 3 : 23~38〉

　　일수지어(一水之魚)
　　한 물에 싸인 고기가
　　어떤 것은 이름이 있고
　　어떤 것은 이름이 없겠는가.

　　남자고 여자고 다같이 하늘의 자손이라면
　　여자 속에 난 남자만
　　족보에 올리는 것은 그 나라의 풍습이다.

　　어떤 데서는 하향식(마태)으로 기록하고

어떤 데서는 상향식(누가)으로 기록하였는데
이 또한 기록자의 마음이요 부르는 사람의 생각이다.
그러므로 바울은 "족보에 지나치게 집착하지 말라" 하였다.

6. 광야에서의 시험

예수께서 성령이 충만하심을 입고 요단강에서 돌아오사 광
야에서 40일 동안 있었는데, 이때 마귀가 시험하였다.
"네가 진정 하나님의 아들이라면 이 돌들을 떡으로 만들어
보라."
"사람이 떡으로만 살 것이 아니다."
마귀가 천하만국을 보이며 말했다.
"네가 나에게 절하면 천하만국을 그대에게 주리라."
"주, 너의 하나님께 경배하고 다만 그를 섬기라."
또 성전 꼭대기에 이르러 말했다.
"여기서 뛰어내리라. 너희 사자가 그대를 보호하리라."
"하나님을 시험하지 말라."
마귀가 모든 시험을 다 한 후에 떠나갔다.

〈누가복음 4 : 1~13〉

마라파피아(Marah papiyah)
덕석마라 물마라
말면 사람과 밥이
새카맣게 죽어버리므로 파피아다.

이 몸과 마음,
욕망과 향락 죽음의 생사마가
사람을 죽게 하고 새카맣게 말려 버린다.

그런데 40일 동안 먹지 않고 자지 않고 이겨냈으니
이 사람이야말로 자기를 이겨낸 사람
세상을 빛낼 수 있는 사람이다.

7. 예수의 전도

(1) 갈릴리에서의 전도

예수께서 성령의 권능으로 갈릴리에 돌아가시니 그 소문이
사방에 퍼졌고 여러 회당에서 가르치시니 뭇 사람에게 칭송을
받으셨다.
그러나 고향에 가서 '주의 성령에 내게 임했다.'는 이사야 말
씀을 읽고 말씀하시니
"이 사람이 요셉의 아들이 아니냐."
하고 박대하였다.
"선지자가 고향에서 환영받은 자가 없다."
는 말을 생각하고 갈릴리 가버나움으로 나와 안식일에 가르
치셨다.

한 귀신들린 사람이 예수를 보고 말했다.

"아, 나사렛 예수여. 우리가 당신과 무슨 상관이 있기에 우리를 멸하려 하시나이까?"

"잠잠하고 나오너라."

귀신이 그 사람을 무리 중에 넘어뜨리고 나오되 그 사람은 상하지 않았다.

예수께서 회당을 나와 시몬의 집에 가니 시몬의 장모가 열병에 걸려 몸을 주체하지 못하더니 예수께서 병을 꾸짖으시니 곧바로 일어나 수종하였다. 해질 무렵에 많은 환자들이 몰려와 일일이 치료하니 귀신들이 나가며 말했다.

"당신은 하나님의 아들이니이다."

날이 밝으매 예수께서 나오사 한적한 곳에 가시니 사람들이 막고 떠나지 못하게 하였으나 '다른 곳에서도 복음을 전해야 한다.' 하시고 갈릴리 여러 회당에서 전도하셨다.

〈누가복음 4 : 14~44〉

신령무지(神靈無知)
신령스러운 마음을
사람은 알지 못하나
귀신들은 다 안다.

(2) 베드로와 야고보, 요한

게네사렛 호숫가에 배 두 척이 있어 먼저 시몬의 배에 올라 무리를 가르치시고 시몬에게 말씀하셨다.

"깊은 데로 가서 그물을 내려 고기를 잡으라."

"밤새도록 수고를 하였으되 얻은 것이 없습니다."

하고 그물을 던졌다.

그런데 뜻밖에 그물이 찢어지도록 고기가 잡히니 옆에 있는 다른 동무에게 도와 달라 하여 두 배에 고기를 가득 채우매 잠기게 되었더라. 베드로가 말했다.

"주여, 나를 떠나소서. 나는 죄인이로소이다."

"무서워 말라. 이제 후로는 네가 사람을 취하리라."

이 말을 듣고 옆에 있던 세베대의 아들로서 동업자인 야고보와 요한 등이 배를 그대로 놓아두고 따라 나섰다.

〈누가복음 5 : 1~11〉

어부인락(魚夫人洛)
어부가 사람을 낚다.
건져서 볶아먹고 지져먹고 구워먹고
한평생 하는 일이 피골이 상접했네.

사람 만나 죄를 건지니
하늘 문이 활짝 열려
문둥병환자도 중풍병자도 모두 춤을 추었네.

(3) 중병환자들을 치료하다

문둥병환자가 예수께 엎드려 절하며

"나를 깨끗하게 하실 수 있겠나이까?"

하자 예수께서 손을 내밀며

"내가 원하노니 깨끗함을 받으라."

하니 문둥병이 곧 나았다. 그리하여 그 몸을 제사장에게 보이고 모세의 규율대로 예물을 바쳐 저희들께 증거하였다.

소문을 듣고 사람들이 모여오되 예수님께서는 한적한 곳에 앉아 기도하였다.

하루는 갈릴리의 각 마을과 유대와 예루살렘에서 온 바리새인과 율법교사들과 함께 있었는데, 어떤 사람들이 중풍 든 사람을 침상에 메고 와 지붕에 올라가 기와를 벗기고 침상 째 달아내리니 예수께서 그들의 믿음을 보시고

"이 사람아 네 죄 사함을 받았으니 일어나 네 침상을 가지고 집으로 가라."

하자 일어나 갔다. 이를 본 모든 사람들이 하나님께 영광을 돌리고 심히 두려워하였다.

그 후에 세리 레위에게 '나를 쫓으라.' 하니, 레위가 모든 것을 버리고 일어나 따랐는데, 집으로 예수님을 모시고 가 잔치를 베푸니 바리새교인들과 서기관들이 비방하였다.

"어찌하여 세리와 죄인과 함께 먹고 마시는가."

이에 예수님께서 말했다.

"건강한 자에게는 의원이 필요 없다. 나는 의인을 부르러 온 것이 아니라 죄인을 불러 회개시키러 왔다."

그들이 예수께 말하되

"요한의 제자와 우리는 자주 금식하며 기도하는데 당신들의 제자는 왜 먹고 마시는가?"

"혼인집 손님들은 신랑과 함께 있을 때 금식할 수 없다. 새 옷에서 한 조각을 찢어 낡은 옷에 붙이는 자가 없고, 새 포도주는 새 부대에 넣어야 할 것이니라."

바리새인들이 안식일에 예수를 고발할 증거를 찾으려 병을 고치는가 살피고 있었는데, 예수님께서 손 마른 자를 대중 앞에 세우고
"안식일에 선을 행하는 것과 악을 행하는 것, 생명을 구하는 것과 죽이는 것, 어느 것이 옳으냐?"
물고, 손 마른 자에게
"손을 내밀라."
하니 그 손이 회복된지라. 저들이 분하여 예수를 어떻게 처치할까 의논하였다.

〈누가복음 5：12∼6：11〉

맹자불시(盲者不視)
장님은 보고도 보지 못한다.
주를 위해 기도하는 삶들이
주가 앞에 나타났어도 알지 못하니
장님 가운데서 장님이로다.

(4) 열두 사도들에게 설교

예수께서 산으로 올라가 밤새도록 기도하시고, 밝으매 시몬(베드로)과 그의 동생 안드레·야고보·요한·빌립·바돌로매·마태·도마·야고보·시몬(셀롯)·유다·가룟 유다 등 열두

명을 뽑아 사도로 정하고 내려오셨다. 예수께서 평지에 서시니 많은 사람들이 예수의 말씀도 듣고 병 고침을 받기 위해 몰려왔다.

예수께서 제자들을 보시고 말했다.

"가난한 자는 복이 있나니 하나님의 나라가 너희 것이요

주린 자가 복이 있나니 배부름을 얻을 것이요

우는 자가 복이 있나니 너희가 웃을 것이요 …

사람들을 미워하지 말고 욕하지 말고 원수를 사랑하라. 비판하고 정죄하지 말고 용서하라. … 소경은 소경을 인도할 수 없고, 제자가 선생보다 나을 수 없다. 남의 눈의 티를 보지 말고 네 눈의 들보를 빼라. … 가시나무에서는 무화과가 열리지 않고, 찔레에서는 포도가 열리지 않는다. … 반석 위에 지은 집이어야 큰물에 부딪쳐도 요동하지 않는다."

말씀을 마치시고 백부장의 종을 치료하고자 가시려 하였으나 '말씀만 하사 내 하인을 낫게 하소서.' 하는 백부장의 말을 듣고, 예수께서는

"이스라엘 중에서 이만한 믿음을 가진 자 만나기 어렵다."

하였는데, 집에 가서 보니 종이 벌써 병이 나아 있었다.

〈누가복음 6 : 12~7 : 10〉

언중유골(言中有骨)

말속에 뼈가 있다.

인자로 인하여 미움을 받고

멀리하고 욕먹고 버림받을 때 복을 받고

미워하고 저주하고 모욕하는 자를 위하여

기도하는 자가 복을 받는다.

대접받고자 하면 남을 먼저 대접하고
사랑받고자 하면 먼저 사랑하라.
죄인을 사랑하고 버림받은 자를 사랑하는 사람이
칭찬받고 상 받을 것이다.

(5) 요한에 대한 예수의 증언

예수께서 나인성으로 가다가 성문 가까이 이를 때에 사람들이 시체를 메고 나오는데 독자를 잃은 과부를 보시고 불쌍히 여기사 '울지 말라.' 하시고 그 행렬을 세우신 후 '청년아 일어나라.' 하자 죽었던 아이가 살아나 말을 하고 걸었다.

소문이 퍼지자 요한의 제자들이 요한에게 이르니 두 제자를 보내 '장차 오실 이가 당신이오니이까?' 물으라 하였다. 요한의 제자들이 묻자 마침 예수께서 질병과 고통과 악귀 들린 자들을 고치고 많은 맹인을 보게 하신지라. 예수께서 말씀하시되
"그대들이 보고 들은 대로 이야기하라."
하고, 그들이 떠나자 무리에게 말씀하셨다.
"요한이야말로 여자가 난 사람들 가운데서는 가장 큰 자다."

한 바리새인이 자기 집에 와 잡수기를 청하여 갔는데, 그 동네 죄인 여자가 향유 담은 옥합을 가지고 와서 눈물로 발을 적시고 머리털로 닦고 그 발에 입 맞추고 향유를 부었다. 바리새인이 이를 보고
"선지자라면 이 여인이 누구인 줄을 알 것인데."
하자 예수께서 시몬에게 물으셨다.
"500데나리온 빚진 사람과 50데나리온 빚진 사람이 있는데

둘 다 탕감하여 준다면 둘 중에 누가 그를 더 사랑하겠는가?"

"네 생각에는 더 많이 탕감 받은 자니이다."

"네 판단이 옳다. 너는 내게 발 씻을 물도 주지 않았지만 이 여자는 눈물로 내 발을 적시고 머리털로 닦았다. 그의 많은 죄가 사하여졌도다."

하시고 여인에게 이르셨다.

"네 믿음이 너를 구원하였으니 평안히 가라."

그 뒤로 일곱 귀신에 들려 고생했던 막달라 마리아와 헤롯의 청지기 구사의 아내 요안나·수산나도 모두 자기의 소유로 예수님을 섬겼다.

〈누가복음 7 : 11~8 : 3〉

인과불매(因果不昧)
중생은 인과에 떨어지지 않기를 바라지만
성현은 인과에 어둡지 않다.
왕랑은 죽은 지 10년 만에 되살아난 부인을 만났고
선율 스님은 죽은 지 7일 만에 묘 속에서 살아났다.

(6) 네 가지 땅에 떨어진 씨 비유

한 알의 씨앗이 길가에 떨어지면 새가 먹고
바위 위에 떨어지면 말라서 죽어버리고
가시밭에 떨어지면 가시 때문에 기운을 잃고
좋은 땅에 떨어져 백배의 결실을 맺을 수 있다.

첫 번째 비유는 마귀가 구원의 말씀을 빼앗은 것이요
두 번째 비유는 기쁨으로 받으나 뿌리가 없어
잠깐 믿다가 시련을 받을 때에 배반하는 것이며,
세 번째 비유는 이생의 염려와 재리와 일락에
기운이 막혀 결실하지 못하는 것이고,
네 번째 비유는 착하고 좋은 마음으로 말씀을 듣고
인내하여 결실을 맺는 것이다.

〈누가복음 8 : 4~15〉

비유천국(譬喩天國)
하나님 나라는 천국이고
하늘의 주인은 하나님이시며
십계명은 통치권이고
그 은혜와 사랑은 믿는 자의 몫이다.

천국의 비밀을 알리는 계시와
천국의 비밀을 깨닫게 하는 방편이
비유를 통해 나타나면
믿는 자는 축복을,
불신자에겐 심판이 다가온다.

(7) 예수의 기적

제자들과 함께 배를 타고 바다를 건너다가 풍랑을 만났는데
도 예수님은 깊이 잠이 들었는데 제자들이 두려워하며 예수를
깨우니 바람과 물결을 꾸짖어 잔잔하게 하신 후 제자들에게

“너희들의 믿음이 어디 있느뇨.”
말씀하셨다.

예수께서 갈릴리 맞은편 거라사인의 땅에 갔을 때 마귀에
들린 자가 무덤 사이에서 지내고 있었다. 예수께서 군대 귀신
에게 그 사람에게서 나오라 명하셨다.
“지극히 높으신 하나님의 아들 예수여, 당신이 나와 무슨 상
관이 있습니까? 돼지에게로 들어가게 하소서.”
하고 귀신들이 돼지 속으로 들어가 모두 물에 빠져 죽었다.

또 회당장 야이로의 딸이 병에 걸려 죽었는데 이를 살리셨
다. 또한 야이로의 집에 가는 도중에 12년 동안 혈루증을 앓던
여인이 예수님의 옷을 만지고 병이 나았다.

예수께서 열두 제자들에게 귀신을 제어하고 병을 고치는 능
력을 주시고 하나님의 나라를 널리 전파하도록 내보내시며 말
했다.
“아무것도 가지지 말고 지팡이나 주머니, 양식이나 돈, 두 벌
옷을 가지지 말라. 어느 집에 들어가든지 거기서 머물다가 거
기서 떠나라. 누구든지 너희를 영접하지 않거든 발에 먼지를
떨어버려 그들에게 증거를 삼으라.”
제자들이 나가 각 촌에서 복음을 전하며 병을 고치더라.
한편 분봉왕 헤롯이 이 모든 일을 듣고 당황하여 죽은 요한
이 되살아났는가, 아니면 엘리야가 나타났는가 불안해하였다.

예수께서 제자들과 함께 벳새다로 가시는데 남자만 5천명

되는 무리가 알고 따라왔다. 날이 저물고 먹을 것은 떡 다섯 개와 물고기 두 마리뿐이었다.

예수께서 떼를 지어 50명씩 앉히라 하시고 하늘을 우러러보며 축사하시고 떼어 제자들에게 주어 나누어 먹게 하니 모두 다 배불리 먹고 12바구니가 남았다.

예수께서 따로 기도하실 때에 함께 있던 제자들에게 물었다.

"사람들은 나를 누구라 하느냐?"

"세례 요한이라 하고, 더러는 엘리야, 더러는 옛 선지자 중의 한 사람이 살아났다 합니다."

"너희는 나를 누구라 하느냐?"

하시니 베드로가

"하나님의 그리스도시니이다."

"이 말을 아무에게도 이르지 말라. 인자가 많은 고난을 받고 장로들과 대제사장, 서기관들에게 버린 바 되어 죽은 지 3일 만에 되살아날 것이다. 여기 서 있는 사람 중에 죽기 전에 하나님 나라를 볼 자들도 있을 것이다."

〈누가복음 8 : 22~9 : 27〉

전도선언(傳道宣言)
자기를 부정하고 제 십자가를 지고
나를 따르라.
제 목숨을 구원하고자 하는 자는 잃을 것이고
나를 위해 목숨을 바치는 자는 구원하리라.

 예수의 구도와 전법

(8) 변화산의 예수

8일 후 베드로와 요한 야고보를 데리고 산 위에 올라 기도하시는데, 용모가 변화되고 옷이 희어져 광채가 났는데 모세와 엘리사와 함께 계셨다. 영광 중에 나타나서 장차 예수께서 예루살렘에서 별세하실 것을 말하자 베드로가 초막 셋을 지어 바칠 것을 서원했으나 자신이 한 말을 알지 못했다. 구름이 와서 그들을 덮었는데 구름 속에서 소리가 들렸다.

"이는 나의 아들 곧 택함을 받은 자이니 너희는 그의 말을 들으라."

이튿날 산에서 내려와 예수께서 귀신들린 아이를 고치자 사람들이 다 하나님의 위엄에 놀랐다.

예수께서 장차 사람들의 손에 넘겨질 것을 제자들에게 이르셨다. 그리고 모든 자 중 가장 작은 그가 가장 큰 자가 될 것이라고 하셨다.

그때 요한이 예수께 '주의 이름으로 귀신을 내쫓으나 함께 따르지 않아 금하였다'고 하자 예수께서 말씀하셨다.

"금하지 말라. 너희를 반대하지 않는 자는 너희를 위하는 자이니라."

예수께서 승천하실 기한이 차가매 사마리아인 촌을 지나가려 하였으나 허락하지 아니하므로 야고보와 요한이 '저들을 멸할까' 묻자 꾸짖고 다른 촌으로 가셨다.

〈누가복음 9 : 28～9 : 62〉

수재유일(水提流溢)
물을 막으면 넘친다.
자기 병만 중하고
남의 병을 보지 못하는 자들이여,
죽음 앞의 이별은
그 이별을 더욱 슬프게 할 뿐이다.

(9) 선한 사마리아 사람

주께서 따로 70인을 따로 세우사 각 동네와 각 지역으로 보내면서 말씀하였다.

"전대나 신을 가지지 말며, 길에서 아무에게나 문안하지 말고, 어느 집이고 들어가면 '평안할지어다' 하라. 그리고 주는 대로 먹고 마시되 병자가 있으면 고치고, '하나님 나라가 너희에게 가까이 왔다' 하라. 그리고 너희를 영접하지 않는 동네는 그 날에 소돔이 그 동네보다 견디기 쉬우리라. 화 있을진저. 고라신아 벳새다야, 너희에게서 행한 모든 권능을 두로와 시돈에서 행하였다면 저희가 벌써 베옷을 입고 재에 앉아 회개하였으리라. 가버나움아 음부에까지 낮아지리라."

70인이 기뻐하며 돌아와서 보고했다.

"주여 주의 이름이면 귀신들도 항복하더이다."

"뱀과 전갈을 밟을 권능을 너희에게 주었으니 너희를 해칠 자가 결코 없으리라. 귀신들이 너희에게 항복한 것으로 기뻐하지 말고 너희 이름이 하늘에 기록된 것으로 기뻐하라."

어떤 율법교사가 예수를 시험하여 물었다.

"내가 무엇을 하여야 영생할 수 있습니까?"

"율법에 무엇이라고 기록되어 있느냐?"

"네 마음과 목숨과 힘과 뜻을 다하여 하나님과 네 이웃을 사랑하라 하였나이다."

"네 대답이 옳도다. 이를 행하라."

그 사람이 자기를 옳게 보이려고 예수께 여쭈었다.

"그러면 내 이웃이 누구입니까?"

"어떤 사람이 도둑을 만나 다 빼앗기고 죽게 되어 쓰러져 있는데 제사장과 레위인이 보고도 그냥 갔으나 한 사마라아인이 기름과 포도주를 바르고 주막으로 데려와 먹인 뒤 돈을 대어 주인에게 부탁하고 '만약 돈이 부족하면 내가 돌아올 때 드릴 테니 이 사람을 잘 보살펴 주십시오.' 하였다. 네 생각에 누가 강도 만난 자의 이웃이 되겠느냐?"

"자비를 베푼 자니이다."

예수께서 이르셨다.

"너도 이와 같이 하라."

<누가복음 10 : 1~37>

청정행(淸淨行)

처음도 좋고 중간도 좋고 끝도 좋으니
맑고 깨끗한 행을 가르쳐 보이라.
세상에는 아직도 물들지 않은 사람이 있으니
진리를 듣지 못하면 망하리라.

(10) 기도

예수께서 한 촌을 가다가 마르다라 하는 여인이 자기 집으로 영접하였다. 동생 마리아는 주의 말씀을 듣는데 마르다는 일에 분주하였다.

"주여, 마리아에게 내 일을 도와주라 말씀해주소서."

"마르다여, 많은 일로 염려하지 말고 한 가지라도 평안하게 하라. 마리아는 좋은 편을 택하였으니 빼앗기지 아니하리라."

예수께서 제자들에게 기도에 관하여 가르쳐 주었다.

"아버지여, 이름이 거룩한 여김을 받으시오며 나라가 임하옵소서. 우리에게 날마다 일용할 양식을 주시옵고, 죄지은 모든 사람을 용서하며 시험에 들지 않게 하소서.…

지극한 마음으로 구하라. 구하면 주실 것이요, 찾으면 찾을 것이요, 문을 두드리면 열릴 것이다. 너희 중에 아비 된 자가 생선을 구하는 아들이나 알을 구하는 자에게 뱀과 전갈을 주겠느냐. 그러므로 천부께서 구하는 자에게 성령을 주시리라."

〈누가복음 10 : 38～11 : 13〉

공심기도(空心祈禱)
비울기(祈) 비울도(禱)
욕심을 비우고 생각을 비우면
그 뜻이 하늘과 같아진다.

구하지도 않고 찾지도 않고
두드리지도 않는 사람에게

어떻게 얼음이 나타나며
문이 열리겠는가.

(11) 평토장한 무덤

예수께서 한 벙어리가 말을 할 수 있도록 치료하자 어떤 사
람들은 예수께서 바알세불을 힘입어 귀신을 쫓아냈다 하자
"스스로 분쟁하는 나라마다 황폐하고 무너지리라."
하고 또 말씀하셨다.
"하나님의 말씀을 듣고 지키는 자가 복이 있다."

바리새인 한 사람이 점심때가 되어 같이 들기를 청하므로
들어가 앉으셨는데, 손을 씻지 않는 것을 이상히 여기자 예수
께서 말씀하셨다.
"너희들은 잔과 대접을 깨끗이 하면서도 어찌하여 속에는 탐
욕과 악독이 가득한가. 겉을 만든 자가 속도 만들지 않겠느냐.
오직 그 안에 있는 것으로 구제하면 모든 것이 깨끗해지리라.
바리새인들은 십일조는 드리되 공의와 하나님께 대한 사랑은
저버리는도다. 화있을진저 너희여. 너희는 높은 자리에서 문안
받을 것만 기뻐한다. 그렇게 하면 평토장을 한 것과 같아 그
위를 밟는 사람이 알지 못한다."
또한 율법사에게 말씀하셨다.
"그대들은 지기 어려운 짐을 사람에게 지우고 너희는 한 손
가락도 이 짐에 대지 않는도다."

〈누가복음 11 : 14~54〉

야조주우(夜鳥晝牛)
밤말은 새가 듣고
낮말은 소가 듣는다.
발 없는 말이 천리 가고
손 없는 나귀가 만리 간다.

앉아서 천리를 보고
서서 만리를 보는 자 앞에서는
함부로 거짓행위 하면
유황불에 떨어진다.

아는 것을 안다고 하고
모르는 것을 모른다고 하라.
그래서 무서운 재판장 앞에서도
두려워하지 않은 것이다.

(12) 바리새인들의 위선

"바리새인들의 누룩 곧 외식을 조심하라. 감추인 것이 드러나지 않는 것이 없고, 숨긴 것이 알려지지 않을 것이 없다. 몸을 죽이고 그 후에는 능히 더 못하는 자들을 두려워하지 말라. 참새 다섯이 두 앗사리온에 팔리는 것이 아니냐. 그러나 하나님 앞에서는 그 하나라도 잊어버리시는 바 되지 않는다. 나를 안다고 시인하면 인자도 하나님의 사자들 앞에서 저를 시인할 것이다. 성령을 모독하는 자는 사하심을 받지 못한다."

〈누가복음 12 : 1~12〉

악구낭설(惡口浪舌)
악구낭설은 지옥종자이고
착한 말 진실한 말은 천당의 씨다.
하늘은 가려도 듣고 막아도 보나니
사람의 머리털까지 세는 재주가 있기 때문이다.

(13) 한 부자 비유

어떤 사람이 말했다.
"선생님 내 형을 명하여 유업을 나와 나누게 해주세요."
"누가 나를 너희의 재판장이나 물건 나누는 사람으로 세웠느냐. 탐심을 물리치라. 사람의 생명은 그 소유의 넉넉함에 있지 않다. 밭의 소출이 풍부하면 쌓아둘 창고를 걱정하지 말고 영혼이 평안히 쉬고 먹고 마시고 즐기게 하라. 자기를 위해 재물을 쌓아두고 하나님에 대하여 부요치 못한 자 되지 말라."

또 제자들에게 이르시되
"목숨은 음식보다 중하고 몸은 의복보다 중하다. 까마귀는 심지 않고 거두지 않고 골방 창고 하나 없어도 잘 살고 있다. 무엇을 먹을까 마실까 근심하지 말라.
하늘나라의 보물은 도적도 가까이 하지 못하고 좀도 먹지 않는다.
허리에 띠를 띠고 등불을 켜고 서 있으라. 마치 주인이 혼인 집에서 돌아와 문을 두드리면 곧 문을 열어주는 것같이 예비하고 있으라.

나는 불을 땅에 던지러 온 사람이고 분쟁을 일으키러 온 사람이다. 보라. 이 세상에서는 아비가 아들과, 딸과 어머니가, 시어머니와 며느리가 싸우리라.

구름이 서에서 일면 비가 올 줄 알고 남풍이 불면 더울 줄 알듯이 천지의 기상을 분별할 줄 알면서 어찌 이 시대는 분별하지 못하느냐? 법관 앞에 서기 전에 길거리에서 화해하라.”

〈누가복음 12 : 13~13 : 5〉

천보지물(天寶地物)
하늘에 쌓는 것은 보물이고
지상에 쌓는 것은 물건이다.

단 3일이라도 도를 닦으면
하늘에 보배를 쌓는 일이 되지만
백년 동안 물건을 탐하면
하루아침에 티끌이 된다.

(14) 안식일의 치료

예수께서 안식일에 18년 동안 귀신들려 꼬부라져 있던 여자를 고치시니 회당장이 비난하였다. 이에 예수께서 말씀하셨다.

“안식일에도 소와 말을 주인이 끌어다가 물을 먹이지 않느냐. 18년 동안 사탄에게 매인 바 된 이 아브라함의 딸을 안식일에 푸는 것이 합당하지 아니하냐.”

그리고 하나님의 나라에 대하여 비유로 말씀하셨다.

“천국은 마치 겨자씨 하나가 자라 새가 깃들 수 있는 큰 나

무가 되듯이, 가루 서 말 속에 갖다 넣어 전부 부풀게 한 누룩
과 같으니라.”

예수께서 예루살렘에 들어가 ‘좁은 문으로 들어가기를 힘쓰
라’고 가르치실 때 어떤 바리새인이 말했다.
“여기서 떠나소서. 헤롯이 당신을 죽이고자 합니다.”
“오늘과 내일은 내가 귀신을 쫓아내며 병을 고치다가 제3일
에는 완전하여지리라.”

예수께서 청함을 받은 사람들이 높은 자리 택함을 보시고
말씀하셨다.
“무릇 자기를 높이는 자는 낮아지고 자기를 낮추는 자는 높
아지리라.”
〈누가복음 13 : 10~14 : 24〉

안식평화(安息平和)
안식일은 평화의 날이요
선행하는 날이다.
종과 노동자들에게 휴식을 주고
어렵고 고통 받는 사람들에게 사랑을 베푸는 날이다.

(15) 제자가 되는 길

예수께서 제자가 될 수 있는 사람에 대하여 말했다.
“부모처자 형제자매와 자기 목숨까지 미워하지 아니하면 나

의 제자가 될 수 없다. 자기 십자가를 각자 자기가 져야 하기 때문이다. 맛 잃은 소금은 소용 없나니라."

세리와 죄인들이 말씀을 듣고자 가까이 오니 바리새인과 서기관들이 '이 사람은 죄인을 영접하고 음식을 같이 먹는다.'라고 수군거리자 예수께서는 잃었던 양 한 마리의 비유를 들어 말씀하셨다.

"하늘에서는 죄인 한 사람이 회개하면 회개할 것 없는 의인 아흔아홉으로 말미암아 기뻐하는 것보다 더하리라."

그리고 잃었던 은전 하나를 찾은 것과 돌아온 둘째 아들을 위해 살진 송아지를 잡아 잔치를 베푼 이야기를 들려주고 제자들에게 말했다.

"불의의 재물로 친구를 사귀라. 그리하면 그 재물이 없어질 때에 저희가 너희를 영주할 처소로 영접하리라."

〈누가복음 14 : 25～16 : 13〉

무상보시(無相布施)
상없는 보시가 으뜸이나니
상이 있으면
그 복이 한정이 있기 때문이다.

족보·학력·인격·조건을 가진 보시는
지상의 것이고
유정·무정, 생물·무생물 관계하지 않는 것은
하늘의 것이다.

(16) 율법과 복음

"율법과 선지자는 요한의 때까지요 그 후부터는 하나님 나라의 복음이 전파되어 사람마다 그리로 침입하느니라. 무릇 자기 아내를 버리고 다른 데 장가드는 것도 간음함이다.

부자와 나사로의 일을 기억하라. 모세와 선지자들에게 듣지 아니하면 설사 죽은 자 가운데서 살아난다 하더라도 권함을 받지 아니하리라.

실족하게 하는 자에게는 화가 될 것이며, 겨자씨 한 알만한 믿음만 있어도 이 뽕나무 하나가 뽑혀 바다에 심어진 것과 같으니라. 종은 수종들 뿐 딴 생각이 있어서는 안 되나니 자기가 해야 할 일을 할 뿐이기 때문이다."

사마리아와 갈릴리 사이로 지나가시다가 열 사람의 문둥병을 치료하였는데 오직 사마리아인 한 사람만 와서 인사하자 그에게 '네 믿음이 너를 구원하였느니라.' 하시더라.

〈누가복음 16 : 14~17 : 19〉

전등법요(傳燈法要)
등불을 켜는 법을 몰랐을 때는
사람 사람이 서로 전했으나
각자 등불을 켜는 법을 알았으면
그때부터서는 요사한 일만 없으면 된다.

하늘의 불도 잘못 떨어지면 벼락이 되어
사람과 물건을 상하고

깨달은 도인도 도를 잘못 쓰면
세상을 망치는 일이 생기기 때문이다.

(17) 하나님의 나라

바리새인들이
"하나님의 나라가 언제 오느냐."
묻자 답했다.
"하나님의 나라는 볼 수 있게 임하는 것이 아니고, 또 여기
있다 저기 있다고 말하지 못하나니, 너희 안에 있기 때문이다.
마치 번개가 한번 치면 천지를 다 두르는 것 같다. 인자도 고
난 속에서 버림받음이 되어 노아·롯의 때와 같이 한번 죽어
영생하리라. 한방에 함께 누워 잤어도 가는 자가 있고 가지 못
하는 자가 있으리라. 죽음 있는 곳에 독수리가 모이기 때문이
다. 한 과부의 원한을 재판관이 풀어주듯, 자기를 높이는 자는
낮아지고 자기를 낮추는 자는 높아지느니라."
〈누가복음 17 : 20~37, 18 : 1~14〉

무유정법(無有定法)
결정지을 수 없는 법이
아뇩다라삼먁삼보리법이다.
인과·인연은
마음 하나에 달려있기 때문이다.

토색·불의·간음을 하지 않고
십일조를 잘 낸다 하더라도

스스로 죄인임을 깨닫지 못하면
하늘나라는 천지현격(天地懸隔)이다.

(18) 축복받는 아이들

사람들이 예수께서 자기 아이들을 만져주심을 바라고 데리
고 오자 제자들이 말리니
"어린 아이들을 내게 오는 것을 용납하고 금하지 말라. 하나
님의 나라가 이런 자의 것이니라."
하시고, 한 부자 청년이 계명을 잘 지키면서도 인색한 바가
있으니 이렇게 말씀하셨다.
"재물이 있는 자가 하나님 나라에 들어가는 것이 낙타가 바
늘귀로 들어가려 하는 것과 같으니라."

베드로가 '우리가 모든 것을 다 버리고 주를 쫓았다.' 하니
예수께서 말씀하셨다.
"모두 다 버린 자는 현세에 여러 배를 받고, 내세에 영생을
받지 못할 자가 없느니라."

예수는 예루살렘으로 올라가시면서 열두 제자에게 말했다.
"옛 선지자의 예언처럼 내가 이방인들에게 넘겨져 희롱받고
능욕 당하고 침 뱉음을 당하겠으며, 채찍질하고 죽을 것이나 3
일 만에 살아나리라."
그리고 여리고에서 장님을 눈뜨게 하여 하나님께 영광을 돌
리고 예수를 따랐다.

〈누가복음 18 : 15〜43〉

누가복음 **113**

천진동자(天眞童子)
천진동자가 하늘의 백성이다.
꾸밈과 거짓, 이간과 악행은
지옥의 종자이기 때문이다.

가진 자의 아까움은 버리는 것이고
버린 자의 아까움은 후회하는 것이다.
그러나 참으로 버린 자는 후회가 없나니
하늘 땅이 온통 내 것이 되기 때문이다.

(19) 구원받은 삭개오

예수께서 여리고에 들어가니 키가 작은 세리장이며 부호인 삭개오가 뽕나무 위에 올라가 주를 뵙고자 하였다. 예수께서 그곳에 이르러 쳐다보시고 말씀하셨다.

"삭개오야 내려오라. 내가 오늘 그대의 집에서 유하리라."

하니 삭개오가 기뻐 맞았다.

"보십시오. 오늘 밤 저의 소유를 반쯤 가난한 사람들에게 나누어 주겠습니다. 만일 누구의 것을 토색한 일이 있다면 4배로 갚겠나이다."

"오늘 구원이 이 집에 이르렀도다."

예수께서 예루살렘으로 들어가시면서 감람원 쪽 벳바게 베다니 가까이 왔을 때 누구도 타보지 않은 나귀새끼를 끌고 오라 하여 타고 가시니 백성들이 '하늘에는 평화요 가장 높은 곳에서는 영광이라.' 하며 찬송하였다.

그리고 예수는 성전에 들어가 장사하는 이들을 향해
"너희는 기도하는 집을 강도의 굴혈로 만들었도다."
하고 내쫓았다.

〈누가복음 19 : 1∼46〉

성전도량(聖殿道場)
성전은 신성한 도량,
도 닦는 곳이지
장사하는 곳이 아니다.

다윗의 제단과 솔로몬의 성전은
유대인들의 예배 중심지였고
병을 치료하고 이방인들을 교화하는 전도지였다.

(20) 가이사의 것은 가이사에게

예수가 날마다 성전에서 가르치니 대제사장들과 서기관들이
그를 죽이려고 물었다.
"당신이 무슨 권세로 이런 일을 합니까?"
"요한의 세례가 하늘로부터냐 사람으로부터냐?"
"알지 못하겠나이다."
"그렇다면 나도 무슨 권위로 이런 일을 하는지 이르지 아니
하리라."

예수께서는 포도원 비유를 통하여 포도원 소작인들이 소출
에 대한 대가를 치르지 않고 종들을 쫓고 주인의 자식을 죽인
다면 주인은 하는 수 없이 와서 그들을 진멸하고 포도원을 다

누가복음 115

른 사람들께 줄 것이라고 함으로써 서기관들과 대제사장들을 비난하셨다. 그러자 서기관들과 대제사장들이 예수를 책잡기 위한 간계를 가지고 질문하였다.

"우리가 가이사에게 세금을 바치는 것은 옳습니까?"

"데나리온에 가이사의 형상이 있지 않느냐. 가이사의 것은 가이사에게, 하나님의 것은 하나님께 바치라."

이번에는 부활이 없다고 주장하는 사두개인들이 물었다.

"형이 죽어 후사가 없게 되면 그 동생이 그 형수를 취하여 형을 위해 후사를 세워야하는 것이 모세의 율법인데, 만일 7형제가 순서적으로 내려 살다가 모두 후사 없이 죽고 그 여인도 죽었을 경우 부활 때에 누구의 아내가 됩니까?"

"부활함을 얻기에 합당히 여김을 받은 자들은 시집가고 장가가는 일이 없다. 이는 천사와 동등이요 하나님의 자녀임이라."

그리고 제자들에게 말했다.

"긴 옷을 입고 문안 받으며 회당 상좌에 앉는 것을 좋아하는 서기관들을 조심하라."

그리고 가난한 과부가 연보궤에 돈 넣는 것을 칭찬하고, 성전에 관하여 '장차 이 성전은 돌 하나도 돌 위에 남지 않고 다 무너뜨려지리라'고 예언하셨다.

〈누가복음 20 : 1~21 : 6〉

부지주인(不知主人)
주인을 몰라보는 객이
도리어 주인을 쫓아내고

주인 노릇을 하려 한다.

하늘의 일은 지상의 관습과 같지 않다.
장가가고 시집가지 않아도 영생하고
자손이 없어도 외롭지 않다.

허례허식은 하늘의 일이 아니고
가난한 자의 보시는
부자의 보시보다 그 값이 무겁다.

(21) 마지막 만찬

사람들이 환난의 징조에 묻자 예수께서 말씀하셨다.
"많은 사람들이 내 이름으로 와서 '내가 그라' 할 것이다. 민
족과 민족을, 나라가 나라를 대적하고, 곳곳에 큰 지진과 기근
과 온역이 있을 것이다. … 너희가 내 이름으로 인하여 모든
사람들에게 미움을 받을 것이나 머리털 하나도 상하지 아니할
것이다. 너희의 인내로 너희 영혼을 얻으리라."

예수께서는 제자들과 함께 마지막 만찬을 할 때에 떡과 포
도주를 나누어 주면서 '이것은 내 몸이요, 이것은 많은 사람을
위하여 흘리는 나의 피 곧 언약의 피니라.' 하였다. 그리고 '우
리 가운데 배반자가 있으리라.' 예언하시고, 베드로가 닭 울기
전까지 세 번 부인할 것도 예언한 뒤 감람산에 올라가 기도하
였다.

〈누가복음 21 : 7~22 : 46〉

혈한기도(血汗祈禱)
수마(睡魔)가 몰아치는 가운데
피땀을 흘리며 기도하신 예수는
제자들께 시험에 들지 말라 하였으나
유다가 입을 맞추고
베드로가 세 번 부인하였다.

(22) 십자가에 못 박히시다

유다의 입맞춤으로 예수는 잡혔고, 대제사장의 집에 끌려가 심문을 받을 때 베드로가 세 번 부인하고 통곡하였다. 지키는 사람들이 예수를 조롱하고 때린 후 공회에 세웠다. 공회에서 예수께서 '하나님의 아들'임을 말씀하시자 그들은 빌라도에게 끌고 가 고소하였다.

"이 자는 우리 백성을 미혹하고 가이사에게 세금 바치는 것을 금하며 자칭 왕 그리스도라 하였습니다."

빌라도가 예수가 갈릴리 사람임을 듣고 헤롯의 관할에 속한 줄을 알고 헤롯에게 보내 심문케 하였다. 헤롯이 예수를 업신여기며 희롱하고 다시 빌라도에게 보냈다.

헤롯과 빌라도는 대제사장들이 예수를 고소한 죄를 찾지 못하였다. 그래서 때려서 방면하려고 하였으나 유대인들은 살인자 바라바를 놓아주고 이 자를 죽여야 한다고 하여 할 수 없이 그들에게 인계하였다.

구레네 사람 시몬에게 십자가를 지우고 해골산에 이르러 두 죄인과 함께 못 박으니 예수께서 기도하였다.

"아버지 저희들을 사하여 주옵소서. 자기의 하는 것을 알지 못하나이다."

백성들은 서서 구경하고, 관원들과 군병들이 '구세주이면 자신도 구원해 보라'고 예수를 조롱하였다.

십자가에 달린 한 죄인이 예수를 희롱하자 다른 한 죄인이 희롱하는 죄인을 꾸짖고 예수께 말하였다.

"예수여 당신의 나라에 임하실 때에 나를 기억하소서."

"오늘 네가 나와 함께 낙원에 있으리라."

예수께서 이렇게 말씀하시고, 어둠이 임하여 제9시까지 계속되었다. 성소의 휘장이 찢어지고 예수께서 큰 소리로

"아버지 제 영혼을 아버지 손에 부탁하나이다."

하고 숨지셨다.

잔인무도(殘忍無道)
죄 없는 자에게 죄를 먹이고
죽여서는 안 될 의인을 죽이면서도
희롱하고 비웃은 사람들,
이 자들이야말로 잔인하고 무도한 사람들이다.

죄인을 용서하고
영혼을 부탁하신
마지막 기도는
원수를 사랑하는 의인의 덕이다.

(23) 부활하여 승천하다

아리마데 사람 요셉이 빌라도에게 가서 예수의 시체를 달라

하여 세마포로 싸고 사람을 장사한 일이 없는 바위에 판 무덤에 장사지냈다. 갈릴리에서 예수와 함께 온 여인들이 뒤를 따라 그 무덤과 시체를 어떻게 두었는지 보고 향품과 향유를 준비하였다.

이튿날, 즉 안식 후 첫날 새벽 향품을 들고 올라가보니 시체는 없어지고 찬란한 옷을 입은 두 사람이 옆에 서서 말하였다.

"어찌하여 살아있는 자를 죽은 자 가운데서 찾느냐? 갈릴리에서 십자가에 못 박히고 제3일에 살아난다 하시지 않았느냐."

예수께서는 엠마오 길의 제자와 열한 제자에게 나타나시고, 그리스도의 부활과 또 그의 이름으로 죄 사함을 받게 하는 회개가 모든 족속에게 전파될 것 등 이 모든 일의 증인이 될 것을 말씀하셨다. 그리고 그들을 데리고 베다니 앞에 나가사 그들을 축복하시고 하늘로 올려지셨다.

부활승천(復活昇天)
고난 속에 영광이 있다.
죽음 속에 삶이 있다.

두려워하고 의심하는 자에게는 나타나지 않는다.
손발을 만져보고 생선토막을 나눠먹고도
도리어 믿지 못하는 사람이 있었으나
베다니 앞에서 손을 들어 축복하였다.
"그대들에게 평강이 있어라."

슈한복음

요한복음은 요한에 의해 기록된
4대복음서의 하나로
공관(마태·마가·누가) 복음서와는 달리
믿음의 역사이고 사역의 징표이다.

공관 복음서가 주로
북방 갈릴리 지방의 행적을 기록한데 반하여
이 책은 주로
유대지방의 신앙과 신통을 다루고 있다.

나는 생명의 떡이요 빛이며
양의 문이요 선한 목자다.
나는 참포도나무로
길이요 진리요 생명이다.

부활을 생명으로 알고
기적 속에 살아가는 사람들이여.

1. 말씀이 곧 생명이다.

태초에 말씀이 계셨으니 말씀이 곧 하나님이다.
그에 의해 만물이 지어졌으니 그 안에 생명과 빛이 있다.
그 빛이 어둠을 비치되 어둠이 깨닫지 못했다.

하나님께서 보내신 사람 가운데 요한이 있었으니
그는 빛에 대하여 증거하고 믿게 하기 위해 온 사람이었다.
빛이신 그가 이 땅에 왔으나 아는 사람이 없었고
오히려 자기 백성이 영접하지 않았다.

영접하는 자 곧 그 이름을 믿는 자들은
하나님의 자녀가 되는 권세를 주셨으니
이는 혈통이나 육정으로 나지 않고
오직 하나님께로부터 난 자였다.

말씀이 육신이 되어 우리 가운데 거하시매
우리가 그의 영광을 보니
아버지의 독생자의 영광이요
은혜와 진리가 충만하더라.

율법은 모세로 말미암아 주어진 것이요,
은혜와 진리는 예수 그리스도로 말미암아 온 것이라.
예수는 세상 죄를 지고 가는 하나님의 어린양이로다.

〈요한복음 1 : 1~34〉

증인발표(證人發表)
본 사람이 본 사람을 말하다.
어둠 속의 빛을 그 누가 보리요
빛 속의 빛이 말씀으로 나타나니
말씀 속에 바로 그가 있었다.

2. 갈릴리 혼인 잔치

세례 요한의 말을 듣고 처음 예수를 따라간 사람은 안드레인데 형제 베드로에게 '우리가 메시야를 만났다.' 하고 베드로를 예수께로 데리고 왔다. 그리고 빌립과 나다나엘이 예수를 따르게 되었다.

사흘째 되던 날 갈릴리 가나 혼인잔치에 이르러 어머니 마리아가 '포도주가 모자란다.' 하니 여섯 개의 돌 항아리에 물을 채우게 하고 물을 포도주로 만들어 잔치를 풍요롭게 하였다.

가버나움에 얼마 계시다가 유월절을 맞이하여 예루살렘 성전에 들어가 소와 양 비둘기 파는 사람들을 쫓고 돈 바꾸는 사람들에게 말씀하셨다.
"내 아버지의 집을 장사하는 집으로 만들지 말라."
그리고 유대인들이 46년 동안에 지은 성전을 두고 예수께서 '이 성전을 헐라. 내가 3일 동안에 일으키리라.' 하셨으니 이것은 성전 된 자기 육체를 가리켜 말씀하신 것이다.

〈요한복음 1 : 35~2 : 25〉

유안암아(有眼暗啞)
눈 가진 장님, 입 가진 벙어리,
눈 뜨고도 보지 못하니 장님이요
귀 가지고도 듣지 못하니 귀 뚫린 벙어리다.

성현을 모신 성전이 시장이 되고
복음을 위한 기도처가 국세청이 된다면
그 나라는 알아볼 수 있는 나라이고
그 백성들도 알아볼 수 있는 백성들이다.

3. 거듭나야 본다.

밤에 찾아온 바리새인 니고데모에게 예수께서 말씀하셨다.
"사람이 거듭나지 아니하면 하늘나라를 볼 수 없다. 물과 성령으로 거듭나야 하리라.… 하나님이 세상을 이처럼 사랑하사 독생자를 주셨으니 이는 그를 믿는 자마다 멸망하지 않고 영생을 얻게 하려 하심이라."

예수께서 사마리아 여인에게 '영생하는 샘물'과 '신령과 진정으로 예배할 것'을 말씀하시자 그가 내려가 예수께서 말씀하신 것을 전해 많은 사마리아인이 예수를 믿게 되었다.
또한 제자들에게는 이렇게 말씀하셨다.
"나의 양식은 나를 보내신 이의 뜻을 행하며 그의 일을 온전히 이루는 이것이니라."

갈릴리 가나에 이르시니 왕의 신하가 있어 그 아들이 가버나움에 병들어 있음을 들으시고 치료하여 직접 보지 않고도 병이 나았다. 이에 그와 온 집안이 다 믿게 되었다.

또 예루살렘 양문 곁 베데스다 못에 행각 다섯이 있어 거기에 많은 병자와 소경, 절뚝발이, 혈기 마른 자들이 있었다. 그 중 38년 된 병자가 '못의 물이 동할 때 먼저 들어간 사람이 병이 낫는다' 하여 그 물이 동할 때에 들어가기를 원하나 자신을 물에 넣어주는 사람이 없어 안타까워하고 있었다.

이에 예수께서 그에게 이르시되

"일어나 네 자리를 들고 걸어가라."

하니 즉시 일어나 걸어갔다.

이 일을 안식일에 하시니 유대인들이 예수를 박해하게 되었다. 예수께서 그들에게 '내 아버지께서 이제까지 일하시니 나도 일한다.' 하시자 유대인들은 하나님과 동등으로 삼음이라 하여 예수를 더욱 죽이고자 하였다.

〈요한복음 3 : 1~5 : 47〉

무소부재(無所不在)
성령은 때와 장소가 없다.
신령으로 예배하고 진정으로 기도하면
언제 어디에서나 감응이 나타난다.

사마리아의 여인, 관료의 자식,
베데스다 못가의 환자들이 이를 증거하였다.
선행자는 부활로, 악행자는 심판으로
아버지의 증거를 듣고 성경의 증거를 보았다.

4. 생명의 떡

예수께서 갈릴리 바다 건너편으로 가시니 5천명이 넘는 사람들이 따르고 있는데, 한 아이가 보리떡 다섯 개와 물고기 두 마리를 가지고 있는 것을 보시고 축사하여 나눠주시니 그들이 배불리 먹고도 남은 것이 12바구니나 되었다.

다음날 예수께서는 무리들과 함께 생명의 떡에 대하여 말씀을 나누셨다.

"썩을 양식을 위하여 일하지 말고 영생하도록 있는 양식을 위해 일하라. 이 양식은 인자가 너희에게 줄 것이다."

"우리가 어떻게 하여야 하나님의 일을 하오리이까?"

"하나님이 보내신 자를 믿는 것이 하나님의 일이니라. 하나님의 떡은 하늘에서 내려 세상에 생명을 주는 것이니라. 나는 생명의 떡이니 내게 오는 자는 결코 주리지 않고 나를 믿는 자는 영원히 목마르지 아니하리라."

"당신은 요셉의 아들 예수가 아닙니까? 어찌 하늘에서 내려왔다 합니까?"

"믿는 자는 영생을 가졌나니 내가 곧 생명의 떡이니라. 내 살과 피를 먹고 마시지 않는 자는 너희 속에 생명이 없느니라. 내 살은 참된 양식이요, 내 피는 참된 음료로다."

〈요한복음 6 : 1~71〉

일발만발(一鉢萬鉢)

밥그릇 하나가 만 그릇을 형성하니

천이백 대중이
한 밥그릇 속에서 배불렀다.

석가가 갠지스강을 맨발로 건너가니
그 인연으로
지금까지도 출가자의 승선엔 비용이 없다.

5. 나는 세상의 빛이다

명절에 유대인들이 예수를 찾으며 혹은 칭찬하기도 하고 헐
뜯기도 하였으나, 예수께서는 성전에 올라가 가르치셨다. 유대
인들이 놀랍게 여겨 말했다.
"이 자는 배우지 않았는데 어찌 글을 아는가?"
"내 교훈은 내 것이 아니고 나를 보내신 이의 것이니라. 보
내신 이의 영광을 구하는 자는 참되니 불의가 없다."

예수께서 감람산에 갔다가 아침에 성전으로 오셔서 가르치
시니 서기관들과 바리새인들이 음행 중에 잡힌 여인을 끌고
와 정죄코자 할 때 예수께서는,
"이 가운데 죄 없는 사람이 이 여인을 돌로 치라."
하니 모두 나가고 없었다. 그러자 예수님께서 여인에게
"가서 다시는 죄를 짓지 말라."
하고 그 여인을 보냈다.
또 예수께서 바리새인들에게 말씀하셨다.

"나는 세상의 빛이니 나를 따르는 자는 어둠에 다니지 않고
생명의 빛을 얻을 것이다."

바리새인들이 말하였다.

"네 증언은 참되지 아니하도다."

"내 증언이 참되니 나는 내가 어디서 오며 어디로 가는 것을
알거니와 너희는 그렇지 못하도다. 내가 나를 위하여 증언하고
아버지도 나를 위하여 증언하시니 너희 율법에 의해 두 사람의
증언이 참되도다 하였으니 내 증언이 참되도다."

예수께서 자기를 믿은 유대인들에게 말씀하셨다.

"너희가 내 말에 거하면 참으로 내 제자가 되고 진리를 알지
니 진리가 너희를 자유롭게 하리라."

"우리는 아브라함의 자손이라 남의 종이 된 적이 없는데 어
찌하여 우리가 자유롭게 되리라 합니까?"

"죄를 범하는 자마다 죄의 종이라. 아들이 너희를 자유롭게
하면 참으로 자유로우리라."

그러나 사람들은 알아듣지 못했다.

〈요한복음 7 : 10~8 : 59〉

영육쌍전(靈肉雙詮)
세상 사람은 육으로 말하고
예수님은 영으로 말하니
영육쌍전하여 전혀 깨달음이 없었다.

부처가 중생이요
중생이 부처이나
중생은 부처를 알지 못한다.

6. 선한 목자

　제자들이 길을 가다가 날 때부터 맹인된 사람을 보고 예수께 물었다.

　"랍비여, 이 사람이 맹인된 것이 누구의 죄로 인함이니이까? 자기니이까, 그의 부모니이까?"

　"둘 다 아니고 하나님의 하시는 일을 나타내고자 함이니라."

　하고 침을 뱉어 진흙을 이겨 눈에 바르고

　"실로암 못에 가서 씻으라."

　씻고 나니 눈이 밝아졌다. 후에 예수가 만나 말씀하셨다.

　"나는 심판하려 온 자이다. 보지 못하는 자를 보게 하고 보는 자를 소경되게 한다."

　그리고 바리새인들에게 말했다.

　"양의 우리에 문으로 들어가지 아니하고 다른 데로 넘어가는 자는 절도며 강도이고, 문으로 들어가는 자가 목자이다. … 나는 양의 문이다. 도둑이 오는 것은 도둑질하고 죽이고 멸망시키려는 것뿐이요 내가 온 것은 양으로 생명을 얻게 하고 더 풍성히 얻게 하려는 것이라."

〈요한복음 9 : 1~10 : 42〉

천안혜안(天眼慧眼)
눈뜬 사람 가운데도 장님이 있고
장님 가운데서도 눈뜬 자가 있다.
앞만 보고 위는 못 본 자도 장님이고
겉만 보고 속을 못 본 자도 장님이다.

베다니에 사는 나사로가 병들어 죽었는데 예수께서 4일 만에 도착하셨다. 그 누이 마르다를 만난 예수께서 말씀하셨다.

"네 오라비가 다시 살아나리라. 나는 부활이요 생명이니 나를 믿는 자는 죽어도 살겠고, 무릇 살아서 나를 영원히 죽지 아니하리니 이것을 네가 믿느냐?"

"주여 그러하외다. 주는 그리스도시오 세상에 오시는 하나님의 아들이신 줄 내가 믿나이다."

예수께서 무덤에 있는 나사로에게 큰소리로 말씀하셨다.

"나사로야 나오라."

나사로는 수족을 베로 동인 채로 나왔고 예수는 풀어놓아 다니게 하라 하셨다. 많은 유대인들이 예수를 믿게 되었다.

유월절 엿새 전에 마리아가 귀한 향유로 예수의 발을 씻어 드렸고, 이튿날 예수께서는 어린 나귀를 타고 예루살렘에 들어 가셨다.

유월절 만찬을 하시던 중 예수께서는 제자들의 발을 씻기셨다. 이에 베드로가 말했다.

"주여, 주께서 내 발을 씻기시나이까?"

"네가 너를 씻기지 아니하면 네가 나와 상관이 없느니라. 내가 너희에게 행한 것같이 너희도 이것을 알고 행하면 복이 있으리라."

그리고 가룟 유다가 예수를 팔 것이라고 예언하시고 베드로가 부인할 것을 이르셨다.

"네가 나를 위하여 네 목숨을 버리겠느냐? 네가 닭 울기 전에 나를 세 번 부인하리라."

〈요한복음 11 : 1~13 : 38〉

친자반란(親子返亂)
가까운 데서 반란이 생기나니
안 일은 바깥사람들이 잘 모르기 때문이다.

아버지와 자식은 만겁의 인연이지만
때로는 원수가 한솥에 밥을 먹을 때도 있다.

"사랑"
이것이 새 계명이니
이 속에서 사랑해야 영원한 사랑이 될 수 있다.

7. 나는 길이요 생명이다

도마가 예수께 말하였다.
"주여 주께서 가시는 길을 알지 못하겠나이다."
"내가 곧 길이요 진리요 생명이니 나로 말미암지 않고는 아
버지께로 올 자가 없느니라."
이에 빌립이 말했다.
"주여 아버지를 우리에게 보여주소서."
"내가 이렇게 오래 너희와 함께 있었는데도 네가 나를 알지
못하느냐? 내가 아버지 안에 거하고 아버지께서 내 안에 계신
것을 네가 믿지 아니하느냐."

예수께서 제자들에게 말씀하셨다.

"보혜사 성령께서 너희에게 모든 것을 가르치고 내가 너희에게 말한 것을 생각나게 하리라. 평안을 너희에게 주노니 근심도 말고 두려워하지도 말라. … 나는 포도나무요, 너희는 가지라 그가 내 안에, 내가 그 안에 거하면 사람이 열매를 많이 맺을 것이다. … 이것을 너희에게 이름은 너희로 내 안에서 평안을 누리게 하려 함이라. 세상에서 너희가 환난을 당하나 담대하라. 내가 세상을 이기었노라."

그리고 하늘을 우러러 기도하였다.

"의로우신 아버지. 세상이 아버지를 알지 못하여도 나는 아버지를 알았사옵고, 저희도 아버지께서 나를 보내신 줄 알았습니다. 내가 아버지의 이름을 저희에게 알게 하리니 이는 나를 사랑하신 사랑이 그들 안에 있고 나도 그들 안에 있게 하려 함이니이다."

〈요한복음 14 : 1~17 : 26〉

탕자귀향(蕩子歸鄕)
탕자가 고향에 돌아와
옛 아버지를 만나
재산을 상속받는 격이다.

사해를 유랑하며 똥치고
마당 쓸고, 방안 청소한 일을 생각하면
어찌 눈물을 흘리지 않고
창고의 열쇠를 받을 수 있으랴!

8. 십자가에 못 박히고 3일 만에
다시 살아나시다

　기드론 시내 건너편 동산에서 유다가 군대와 대제사장들과 바리새인들에게서 얻은 아랫사람들을 데리고 와서 예수를 잡아 안나스에게로 끌고 갔다. 안나스는 대제사장 가야바의 장인인바 가야바는 유대인들에게 '만인을 위해 한 사람이 죽는 것이 마땅하다'고 권고하던 자였다.

　안나스는 예수를 심문하고 대제사장 가야바에게로 보내고 그들은 또 새벽에 빌라도에게 끌고 갔다. 빌라도가 물었다.

　"네가 유대인의 왕이냐?"

　"내가 왕이니라. 내가 이를 위하여 태어났으며 이를 위하여 세상에 왔나니 곧 진리에 대하여 증언하려 함이로라."

　빌라도는 예수의 죄목을 찾지 못해 돌려보냈으나 유대인들이 예수를 죽이라 하여 하는 수 없이 예수를 십자가에 못 박도록 넘겨주었다.

　예수께서 골고다로 자기의 십자가를 지고가자 십자가에 예수를 못 박고 '나사렛 예수 유대인의 왕'이라는 죄패를 십자가 위에 붙였다.

　군병들이 제비뽑아 옷을 취하니 그 옆에는 모친과 이모와 글로바의 아내 마리아와 막달라 마리아가 서있었다. 예수님께서 보시고

　"여자여 보소서. 나는 아들이니이다."

　하고 또 제자들에게

　"보라. 네 어머니이니라."

하여 그로부터 자기 집에 모시게 되었다.

예수가 목마르다 하니 신포도주를 적셔 입에 대어주자

"다 이루었다."

하시고 영혼이 떠나가셨다.

그 날이 준비일(안식일 전날)이라 십자가에 시체를 두지 않기 위하여 빌라도의 승낙을 받고 함께 매달렸던 두 사람은 다리를 꺾여 죽임을 당하였으나 예수께서는 이미 죽어서 다리를 꺾지 않았다. 그 중 한 군인이 예수의 옆구리를 창으로 찌르니 피와 물이 나왔다.

아리마태 요셉이 빌라도의 허락을 받아 예수의 시체를 가져오고, 유대인의 장례법대로 향품과 함께 세마포로 싸서 동산 안에 아직 사람을 장사지내지 않은 새 무덤에 두었다.

안식 후 첫날 이른 아침에 막달라 마리아가 돌이 무덤에서 옮겨진 것을 보고 시몬 베드로와 예수의 사랑하시던 다른 제자들에게 알리니 모두 와서 확인하고 갔다.

그런데 막달라 마리아가 무덤 밖에 서 있다가 무덤 있었던 곳을 보니 두 천사가 하나는 머리 편에, 하나는 다리 편에 앉아 있었다. 마리아가 천사와 말을 하고 돌이켜 예수께서 서신 것을 보았으나 예수이신 줄 모르고 동산지기로 생각하였다. 예수께서 '마리아야!' 하고 부르실 때 예수이신 줄 알게 되었다.

"나를 붙들지 말라. 내가 아직 아버지께로 올라가지 않았다. 너는 내 형제에게 이르되 내가 내 아버지 곧 너희 아버지 내 하나님 곧 너희 하나님께로 올라간다 하라."

막달라 마리아가 가서 '제자들에게 주를 보았다' 하고 주가 하신 말씀을 이르니라.

제자들이 두려워하여 한 곳에 모여 문을 닫고 있는데 예수께서 와서 말씀하셨다.
"너희들에게 평강이 있을지어다."
열두 제자 중 디두모라 하는 도마는 함께 있지 않아 믿지 않았다. 그런데 제8일이 되어 다시 나타나
"도마야 내 손가락을 내밀어 옆구리에 넣어보라."
도마가 대답하여 이르되
"나의 주님이시오 나의 하나님이시니이다."

그리고 디베랴 호수에서 제자들(베드로·도마·나다나엘·세배대의 아들들, 또 다른 제자 둘)이 고기를 잡을 때 나타나 바닷가에서 숯불에 생선을 올려놓고 제자들을 불러 떡과 고기를 주었으나 그들은 그가 누군 줄을 알지 못했다.
그리고 예수께서 베드로에게 세 번 물으셨다.
"요한의 아들 시몬아, 네가 나를 사랑하느냐?"
"내가 주님을 사랑하는 줄 주님께서 아시나이다."
하니 예수께서 말씀하셨다.
"내 양을 먹이라."
하였다.

선율환생(善律還生)
선율스님이 죽은 지
7일 만에 되살아나
금강사 전답문서와 명주 세 필,

동백기름으로 증거하니
그로 인하여 6백부 반야경이
거국적 차원에서 이루어졌다.

성경에도 사렙다(사르밧) 과부의 아들 <왕상 17 : 17~24>
수넴 여인의 아들 <왕하 4 : 32~35>
엘리사의 뼈에 닿은 시체 <왕하 13 : 20~21>
야이로의 딸 <마 9 : 23~25, 막 5 : 35~43>

나인성 과부의 외아들 <눅 7 : 11~15>
베다니의 나사로 <요 11 : 43~44>
많은 성도 <마 27 : 52~53>
도르가 <행 9 : 36~40> 유두고 <행 20 : 9~12>
등 많은 사람들의 부활이 나타나고 있다.

그러나 그들은 하늘을 증거하거나
진리를 말한 일이 없으므로
예수님의 부활이나 환율스님의 부활과는 같지 않다.
왜냐하면 환율스님은 예수님께서 말씀하시지 않은
염라국까지 이야기하고 있기 때문이다.

이상으로써 4복음서의 내용을 대강 정리 되었다. 그러나 이
것만 가지고는 예수님의 16년 이력이 복원될 수 없으므로
「도마복음서」와 「보병궁복음서」를 통하여 예수님의 역사
를 분명하게 밝혀보겠다. 본서 뒤쪽에서 보라.

사도행전

사도행전은
사도들의 행적을 기록한 책으로
신약성서 다섯 번째 성경이다.

예수의 복음이 이 사도들에 의하여
예루살렘에서부터 유대 사마리아를 거쳐
로마 땅 끝까지 전파되었으니 어떻게 보면
초기 기독교의 산 역사라 볼 수 있다.

사람은 달라도 그리스도의 구원을 통해
성령의 강림을 강조하고 공동체로서의 교회,
교도들의 윤리적 생활을 강조하고 있는데
이는 바울과 누가가 똑같이 바라고 있던
기독교에 대한 희망이었던 것이다.

1. 데오빌로에게

먼저 글(누가복음)에는 예수의 행적과 가르침을 중심으로 승천하신 날까지의 기록이었다. 예수께서 고난 받으신 후에 친히 살아계심을 40일 동안 저희에게 보이시며 천국의 일을 말씀하셨다.

〈사도행전 1:1~3〉

천제지우(天帝之友)
데오빌로란 "하나님의 친구"라는 뜻이 있으나
누가복음에 각하라고 한 것을 보아
이방인 중에 개종한 관리가 아닌가 생각된다.

2. 성령으로 세례하다

예수께서 사도들이 모여 있는 가운데 말씀하셨다.

"예루살렘을 떠나지 말고 아버지께서 약속하신 것을 기다리라. 요한은 물로 세례를 베풀었으나 너희는 몇 날이 못 되어 성령으로 세례를 받으리라 하셨느니라."

제자들이 예수께 여쭈었다.

"이스라엘 나라를 회복하심이 이 때니이까?"

"때와 기한은 아버지께 달렸으니 오직 성령이 너희에게 임하시면 너희가 권능을 받고 예루살렘과 온 유대와 사마리아와 땅

끝까지 이르러 내 증인이 되리라."
하고 승천하셨다.

〈사도행전 1:4~11〉

백의달마(白衣達摩)
흰옷을 입고 지팡이 끝에
신 한 짝을 매달고 오던 달마대사가
"동토와 인연이 다 되어 서쪽으로 간다."
하여 그 신을 가지고 나라에 고하니
과연 이 일은 웅이산 곽 속에서 증명되었다.

하늘로 올라가는 것을 쳐다만 보지 말고
본 대로 오실 것을 생각하며 신앙하라.
그리하면 성령이 곳곳에 내릴 것이다.

3. 베드로의 설교

감람원에서 예루살렘으로 돌아와 저희들이 사는 다락방에 올라가니 베드로·요한·야고보·안드레·빌립·도마·바돌로매·마태·야고보·시몬·유다와 예수의 모친 마리아, 아우들 등 120여 명이 함께 기도하고 있었다. 베드로가 말했다.

"우리 가운데 한 사람이 불의의 삯으로 밭을 사고 창자가 터져 죽으니 그 밭이 피밭이 되었다. 그러니 우리 가운데 예수께서 부활하심을 증언할 사람을 한 사람 세우자."

하여 맛디아가 가룟 유다 대신 자리에 오르게 되었다.

오순절이 되어 갑자기 강한 바람과 소리가 있어 불의 혀처럼 갈라지는 것이 보이니 뭇사람들이 각기 자기 나랏말로 방언을 하였다.

베드로가 열한 사도와 함께 서서 소리를 높여 말했다.

"이는 하나님께서 모든 자녀들과 종들에게 성령을 내려 자녀들은 예언할 것이요 젊은이들은 환상을 보고 늙은이들은 꿈을 꾸리라 하늘에서는 기사(奇事)를 보이고, 땅에서는 징조를 베푼다 하였으니 모두 회개하고 성령을 받으라."

이 말을 받은 사람들은 세례를 받으매 이 날에 신도의 수가 삼천이나 더하였다. 이들이 모든 물건을 통용하고 하나님을 찬미하며 또 온 백성에게 칭송을 받으니 주께서 구원 받는 사람을 날마다 더하게 하셨다.

〈사도행전 1:12~2:47〉

전후평화(戰後平和)
전쟁 후에 평화가 온다.
성령에 화합이 오니
천국이 따로 있는 것이 아니라
바로 그 자리가 천국이었다.

방언예시(方言豫示)
방언은 장차 모든 나라 사람들이
각기 자기나라 말로 믿고 행할 것을 예시한 것이니
바대·메대·엘람·메소보다미아·유대·가바도기아·
본도·아시아·브루기아·밤빌리아·애굽·리비야·그레데·
아라비아인들이라.

4. 베드로의 기적

베드로와 요한이 성전에 올라가니 나면서 못 걷게 된 사람이 미문(美門) 옆에서 소리를 지르거늘 베드로가

"은과 금은 네게 없으니 네게 있는 것으로 주겠다. 나사렛 예수의 이름으로 걸으라."

하니 앉은뱅이가 그 자리에서 일어나 걷고 뛰며 하나님을 찬미하니 사람들이 보고 놀랐다.

그리고 베드로가 솔로몬의 행각에서 말했다.

"이것은 기이한 일이 아니다. 개인의 권능으로 이루어진 것이 아니고 우리 조상 하나님과 그의 종 예수를 영화롭게 하였느니라."

제사장들과 성전 맡은 자, 사두개인들이 이 말을 듣고 베드로와 요한을 잡아 가두어 두었다가 대제사장 앞에 데리고 가니 물었다.

"너희가 무슨 권세와 뉘 이름으로 이 일을 행하느냐?"

베드로가 성령이 충만하여 말했다.

"그대들이 십자가에 못 박은 나사렛 예수의 권능으로 이 일이 이루어졌느니라."

그들이 위협하여 이후로는 예수의 이름으로 아무에게도 말하지도, 가르치지도 말라 하였으나 베드로와 요한은

"우리는 보고 들은 것을 말하지 않을 수 없다."

하였고 그들은 사도들을 놓아줄 수밖에 없었다.

믿는 무리가 한 마음과 한 뜻이 되어 각기 자기가 가진 것을 서로 나누어 갖고 통용하였다. 구브로의 레위족 바나바는

자신의 밭을 팔아 사도들의 발 앞에 갖다놓았다.

그런데 아나니아는 아내 삽바라로 더불어 소유를 팔아 그 일부를 숨기고 갖다 놓았던 바 베드로가 말했다.

"네 마음속에 사탄이 들어 있어 성령을 속이는구나."

하자 즉시 죽어 장사지냈다. 그런데 그의 부인도 거짓말 하자 시체 묻은 사람들이 도착한 즉시 숨을 거두어 사람들이 두려워하였다.

〈사도행전 3 : 1~5 : 11〉

명경지수(明鏡止水)
하늘의 마음은 밝은 거울
맑은 물과 같다.

산도 막을 수 없고
물도 가릴 수 없나니
어찌 사람이 이를 속일 수 있겠는가.

5. 박해 속의 전도

사도들의 손을 통하여 표적과 기사가 많이 일어나매 솔로몬 행각에 수없는 환자들이 모이니 사도들은 그들에게 복음을 전하고 병자들을 고쳤다. 이에 대자사장과 그와 함께 있던 사두개인들의 당파가 사도들을 잡아 가두었다. 주가 사자가 옥문을 열고 '가서 성전에 서서 이 생명의 말씀을 다 백성에게 말하라’고 하였다.

그들이 새벽에 성전에 가서 가르치니 성전 맡은 자가 다시 잡아갔다. 그들이 말하기를

“우리가 이 이름으로 가르치지 말라고 엄금하였는데 너희가 계속 가르쳐 예루살렘에 가득하게 하니 이 사람들의 피를 우리에게로 돌리고자 함이로다.”

하였다. 이에 베드로와 사도들이 대답하였다.

“너희가 죽인 예수를 하나님께서 살리시고 그를 임금과 구주로 살리셨다. 우리는 이 일에 증인이요 하나님이 자기에게 순종하는 사람들에게 주신 성령도 그러하니라.”

그들이 듣고 크게 노하여 사도들을 죽이려 하자 교법사 가말리엘이 옛날의 드다와 유다의 예를 들어 설명하였다.

“이 사람들을 상관하지 말고 버려두라. 이들의 사상과 소행이 사람으로부터 났으면 무너질 것이요 하나님께로부터 났으면 너희가 하나님을 대적하는 무리가 되리라.”

그들이 이를 옳게 여겨 사도들을 채찍질하여 예수의 이름으로 말하는 것을 금하고 놓아주었다. 사도들은 예수 이름으로 능욕당함을 기뻐하면서 공회 앞을 떠나갔다.

그때에 제자가 더 많아졌고 구제에 관한 문제가 대두되어 이를 담당할 일곱 집사(스데반·빌립·브로고로·니가노르·디몬·바메나·니골라)를 택하여 세우고 사도들은 기도하는 일과 말씀 사역에 힘쓰는지라.

스데반이 큰 기사와 표적을 민간에게 행하였고, 그들이 스데반을 잡아 물었다. 스데반이 아브라함 이후에 일어났던 모든 역사는 하나님의 뜻에 있다고 설명하고

"너희가 천사의 전한 율법을 받고도 지키지 아니하였다."

하니 그를 성밖에 내쳐 돌로 쳐 죽게 하였다. 스데반은 이때 하늘 문이 열리고 인자가 하나님 우편에 서 있는 것을 보았다.

〈사도행전 5 : 12~7:60〉

선혈역사(鮮血歷史)
이스라엘 역사는
선혈의 역사다.

칠전팔도(七顚八倒)
구절양장(九折羊腸)을 거쳐
전 세계를 돌고 도니
끝까지 피 속에서 피를 뿌리고 있다.

6. 빌립과 에디오피아 내시

스데반이 순교한 뒤 사울이 그의 죽임을 마땅히 여기고 교회를 진멸할 생각으로 집집마다 다니며 하나님을 믿는 사람들을 끌어다가 옥에 가두었다.

빌립이 사마리아 성에 내려가 전도하니 귀신들린 사람들과 중풍환자·앉은뱅이들이 낫게 되었고, 마술사 시몬도 세례를 받았다. 예루살렘의 베드로와 요한이 이 소식을 듣고 내려갔으나 그들이 예수 이름으로 세례만 받을 뿐이었으므로 그들을 위하여 성령 받기를 기도하였고 그들에게 안수하매 성령을 받은 지라. 시몬이 사도들의 안수로 성령 받는 것을 보고 돈을 드려 권능을 받으려 하였으나 베드로에게 '하나님의 선물을 돈으로 사려 한다'는 큰 책망을 받고 회개하였다.

이때 에디오피아 간다게 여왕의 국고를 맡은 내시가 예배하러 예루살렘에 왔다가 돌아가는데 병거를 타고 선지자 이사야의 글을 읽으며 가고 있었다.

빌립이 성령의 말씀하심을 듣고 그에게 나아가 물었다.

"읽는 것을 깨달았느냐!"

"지도하는 사람이 없는데 어떻게 깨달을 수 있겠느냐. 저가 도살자에게로 가는 양과 같다 하였는데, 이것이 무슨 뜻인지 알 수 없노라."

빌립은 이 글에서 시작하여 예수를 가르쳐 복음을 전하고 물 있는 곳에 이르러 세례를 베풀고 헤어졌다.

〈사도행전 8 : 1~40〉

인연개화(因緣開花)
인연 있는 곳에 꽃이 핀다.
한 알의 씨앗이 밭에 떨어지면
빛과 비, 바람을 만나
장차 꽃이 피고 열매를 맺게 된다.

7. 사울의 회심

사울이 주의 제자들에 대하여 여전히 살기가 등등하여 대제사장에게 다메섹 여러 회당에 가져갈 공문을 청하였는데 그 내용은 '그리스도의 도를 쫓는 사람은 예루살렘으로 결박하여 잡아오려 한다.'는 것이었다.

사울이 다메섹에 이르니 하늘로부터 빛이 그를 둘러 비춰 땅에 엎드러져 음성을 들었다.

"사울아 네가 어찌하여 나를 박해하느냐?"

사울이 아무것도 보지 못하고 사람에게 이끌리어 다메섹으로 들어가서 사흘 동안 보지 못하고 먹지도 마시지도 않았다.

이때 환상 중에 주의 부름을 받은 아나니아가 바로 유다집에 이르러 다소 사람 사울을 찾아 안수하니 바로 사울의 눈에서 비늘 같은 것이 벗어져 보게 되었고, 일어나 세례를 받고 음식을 먹으매 강건하여지니라.

사울이 다메섹에 있는 제자들과 함께 며칠 있을새 즉시로 회당에서 '예수가 하나님의 아들이심'을 전파하니 듣는 사람들이 모두 '이 사람이 예루살렘에서 예수 이름을 부르는 자들을 멸하려던 자가 아니냐!' 하며 놀랐다. 사울이 힘을 얻어 예수를 전도하니 유대인들이 공모하여 사울을 죽이려 하였다. 이에 그의 제자들이 밤에 광주리에 담아 성벽에서 달아 내렸다.

사울이 예루살렘에 이르러 제자들을 사귀고자 하자 다 그를 두려워하였는데 바나바가 데리고 가서 사도들에게 그가 어떻게 주님을 보았는지와 주의 말씀과 다메섹에서의 전도에 관하여 전하였다. 사울이 제자들과 함께 있어 예루살렘에 출입하며 주 예수의 이름으로 담대히 말하자 그 사람들이 그를 죽이려 하니 형제들이 알고 가이사랴에 데리고 가서 다소로 보냈다.

그리하여 유대와 갈릴리, 사마리아 교회가 평안하여지고 든든히 서 가고 성령의 위로로 진행하여 부흥하게 되었다.

〈사도행전 9 : 1~31〉

원수은인(怨讐恩人)
원수가 은인이 되다.
세상만사는 한 생각에 달려있으니
빛과 어둠이 둘이 아니기 때문이다.

묵호자의 분향(焚香)으로
왕녀의 병을 치료 하였으나
이차돈은 이 교로 인하여
목에서 흰 젖을 뿜었다.

8. 다비다와 고넬료

베드로가 룻다에 가서 8년 중풍환자 애니아에게
"예수 그리스도께서 너를 낫게 하시니 네 자리를 정돈하라."
하니 바로 일어나 주께로 돌아갔고, 욥바의 여제자 다비다
(도르가)가 선행을 잘하다 죽어 시체를 다락에 뉘어 놓았는데
기도하여 일으키니 온 욥바 사람이 알고 많은 사람이 주를 믿
더라. 베드로는 시몬이라는 피장(皮匠)의 집에서 머물렀다.
이달리야 군대 백부장 고넬료가 환상 중에 하나님의 사자가
들어와 말했다.
"네가 지금 사람들을 욥바에 보내어 베드로 시몬을 청하라."
한편 베드로는 기도 중 하늘에서 보자기가 내려왔는데 그
안에는 땅에 있는 각종 네 발 가진 짐승과 기는 것과 공중에
나는 것들이 있었는데 베드로에게 일어나 잡아먹으라고 했다.

“주여 그럴 수 없나이다. 속되고 깨끗하지 않은 것을 내가 결코 먹지 아니하였나이다.”

두 번째 소리가 있되

“하나님께서 깨끗하게 하신 것을 네가 속되다 하지 말라.”

이런 일이 세 번 있은 후 그 그릇이 곧 하늘로 올려졌다.

베드로가 무슨 뜻인지 의아해 하고 있을 때 고넬료가 보낸 사람들이 도착했다. 베드로는 고넬료의 집에 가서 말씀을 전하고 세례를 베풀었다.

〈사도행전 9 : 32~10 : 48〉

몽중유사(夢中有事)
꿈 가운데 일이 있으니
진실한 일에는 거짓이 없다.

가섭존자는 세 곳(영축산 · 베살리 · 니련선하)에서
말없는 법을 받았으며
한나라 명제는 꿈속에서
금 사람을 보고 마등 축법난을 만났다.

9. 안디옥 교회

유대에 있는 사도들과 형제들이 이방인들도 하나님의 말씀을 받았다 함을 들었더니 베드로가 예루살렘에 올라갔을 때에 비난하였다.

“네가 무할례자의 집에 들어가 함께 먹었다.”

이에 베드로가 욥바에서 있었던 환상과 고넬료에게 전도한 일에 대하여 설명하였다. 그들이 이 말을 듣고 잠잠하여 하나님께 영광을 돌리며 말했다.

"하나님께서 이방인에게도 생명 얻는 회개를 주셨도다."

그때 스데반의 순교로 일어난 환난으로 말미암아 흩어진 자들이 베니게와 구브로, 안디옥까지 이르러 유대인에게만 말씀을 전하는데 구브로와 구레네 몇 사람이 안디옥에 이르러 헬라인에게도 말하여 주 예수를 전파하였다. 주의 손이 그들과 함께하시매 수많은 사람들이 믿고 주께 돌아오더라.

예루살렘 교회가 소문을 듣고 바나바를 안디옥까지 보내니 그가 이르러 하나님의 은혜를 보고 기뻐하여 말하였다.

"굳건한 마음으로 주와 함께 머물러 있으라."

그리고 바나바가 사울을 안디옥에 데리고 와서 교회에 1년간 모여 있어 가르쳤고 제자들이 안디옥에서 비로소 '그리스도인'이라 일컬음을 받게 되었다.

그때 아가보라 하는 선지자가 성령으로 말하되 천하에 큰 흉년이 들 것이라 하였는데, 글라우디오 시대에 그렇게 되어 제자들이 각각 그 힘대로 부조를 보내기로 작정하고 이를 실행하여 바나바와 사울의 손을 통해 장로들에게 보냈다.

〈사도행전 11 : 1~30〉

협동정신(協同精神)
고난 속에 협동정신이 일어나니
굶주리고 목마른 사람들에게 큰 사랑이 베풀어졌다.

그러나 이것이 이교도들에게는 시기거리가 되어
헤롯왕의 분노를 샀고 성도들은 죽음의 길로 갔다.

10. 바울의 제1차 선교여행

헤롯왕이 야고보를 칼로 죽이고, 베드로를 옥에 잡아 가두고
16명에게 지키도록 하였는데 교회는 그를 위하여 간절히 기도
하였다. 홀연히 주의 사자가 나타나 베드로를 깨웠다.

쇠사슬이 손의 모두 풀리고 쇠문에 이르니 문이 저절로 열
려 나오게 되었다. 이에 베드로가 정신이 들어 말했다.

"참으로 주께서 그의 천사를 보내어 나를 헤롯의 손과 유대
백성의 모든 기대에서 벗어나게 하신 줄 알겠노라."

하고 요한의 어머니 마리아의 집에 가니 여러 사람들이 모
여 있었다. 그들에게 주께서 자기를 이끌어 옥에서 나오게 하
던 일을 말하고 다른 곳으로 갔다.

헤롯이 가이샤라로 내려가 있는데 백성들이 아첨하는 소리
를 듣고 하나님께 영광을 돌리지 아니한 고로 충(蟲)이 먹어
죽게 되었다.

안디옥 교회에서는 바나바와 사울을 천거하고 금식 기도하
여 파송하였다. 바나바와 사울은 성령의 보내심을 받아 실루기
아에서 배를 타고 구브르를 거쳐 살라미에 이르러 전도하였다.
바보라 하는 곳에 이르렀을 때 거짓 선지자 바예수(엘루마)가
총독(서기오 바울)이 믿지 못하게 힘썼다. 이에 바울(이때부터

사울은 바울이란 이름으로 기록된다)이 꾸짖어 장님이 되게 하였다. 이에 총독이 보고 믿으며 더욱 기이하게 여겨 주의 가르치심을 놀랍게 여겼다.

바울과 일행이 버가에 이르고 버가로부터 비시아 안디옥에 이르러 크게 전도하였다. 이고니온에서도 전도하다가 이방인들과 유대인에게 쫓겨 루가오니아의 두 성, 루스드라와 더베에 가서 전도하였다.

〈사도행전 12 : 1~14 : 27〉

순역반반(順逆半半)
진리의 전도 길에는
따르는 사람도 있고 거역하는 사람도 있으니
따르는 사람만 좋아하고 거역하는 자는 싫어하면 안 된다.

하나님의 마음에는 순역이 따로 없으니
순한 사람이 역행할 수도 있고
역행자가 순행자가 될 수도 있기 때문이다.

II. 예루살렘 회의와 제2차 선교여행

어떤 사람들이 유대로부터 안디옥 교회에 내려와 '모세의 법대로 할례를 받지 아니한 사람은 구원을 받을 수 없다.'고 하자 다툼과 변론이 일어났다. 이에 바울과 바나바 등이 예루살렘에서 종교회의를 개최하여 베드로와 야고보의 말을 듣고 각

교회에 편지를 띄웠다.

"이방인 중에서 하나님께 돌아온 사람들을 괴롭게 말고 다만 우상과 음행, 피와 목매어 죽인 것들만 멀리하게 하라."

이렇게 편지를 전한 뒤 바울은 바나바와 헤어져 떠나 더베와 루스드라에 이르러 디모데를 할례하여 데리고 다니고, 바나바는 마가를 데리고 떠나 수리아와 길리기아의 교회들을 살피며 다녔다.

바울은 성령이 아시아에서 말씀을 전하지 못하게 하자 무시아를 지나 드로아로 내려갔다. 바울이 밤에 환상을 보고 마게도냐로 가서 드로아에서 배를 타고 사모드라게로 직행 네압볼리로 가고 빌립보에 이르러 자주 장사 루디아를 만나니 그 집에서 세례를 주고 귀신들린 사람에게 가서 귀신을 쫓아내었다.

〈사도행전 15 : 1~16 : 18〉

무시일시(無始一始)
비롯함이 없는 하나는
만물의 시초이다.

한 속에서 만물이 났으나
언어와 풍습이 다르다고
어찌 남이 될 수 있겠는가.

할례는 언약 공동체의 표증이다.
그래서 정통파 유대인이 모혈이 되어
전날 밤 샬롬 자코르를 하고

엘리야의 의자에 앉아 낭송과 기도·축도 순으로
의식을 진행하였으나

바울은 하나님 말씀을 순종하는 것이 할례라
정신적인 할례를 강조하였다.

12. 빛 속에는 어둠이 있을 수 없다

빌립보에 귀신 들린 여종이 점으로 주인에게 큰 이익을 주
고 있었는데 바울과 실라가 여종에게서 귀신을 쫓아내므로, 여
종의 주인들이 자기 수익의 소망이 끊긴 것을 보고 관리들에게
바울과 실라를 고소하여 옥에 갇히게 되었다.

그런데 빌립보 옥에 갇혔을 때 이들이 하나님을 찬송하매
갑자기 지진이 일어나 옥터가 움직이고 문이 다 열리며 매인
것이 벗어졌다. 간수가 옥문이 열린 것을 보고 죄수들이 도망
한 것으로 알고 자결하려 하자 바울이 크게 소리질렀다.

"네 몸을 상하지 말라. 우리가 다 여기 있노라."

그들이 바울과 실라 앞에 엎드려 구원을 청하자

"주 예수를 믿으라. 그리하면 너와 네 집이 구원을 얻으리라."

하였다.

그리하여 그의 가족이 모두 세례를 받고 음식을 대접하였다.
날이 새자 상관들이 그들을 놓아주기를 명령하였고 간수가 그
렇게 말하니 바울이 말하였다.

"로마 사람인 우리를 죄를 정하지도 않고 때리고 옥에 가두

었다가 이제는 가만히 내보내고자 하느냐?"

하자 그들이 로마 사람이라 하는 말을 듣고 두려워하여 권하고 데리고 나가 그 성에서 떠나기를 청하였다. 두 사람이 옥에서 나와 루디아의 집에 가서 형제들을 만나 보았다.

저들이 암비볼리와 아볼로니아를 거쳐 데살로니가에 이르러 유대인의 회당에 들어가 강론하였다. 이 소식을 듣고 유대인들이 시기하여 이들을 잡으려 하다가 발견하지 못하니 야손과 그 형제들을 끌고 소란을 피웠다.

밤을 이용하여 바울과 실라가 베뢰아로 갔다가 사람들의 인도로 아덴까지 갔다. 거기에 우상을 숭배하는 자들이 있어 전도를 하고 고린도에 이르러 장막을 만드는 아굴라와 그의 아내 브리스길라와 함께 전도하며 1년 6개월을 지냈다.

갈리오가 아가야 총독 되었을 때 유대인들이 바울을 대적하여 법정으로 데리고 가서 말하였다.

"이 사람이 율법을 어기면서 하나님을 경외하라고 권한다."

갈리오가 유대인들에게

"너희 유대인들아, 만일 문제가 너희 법에 관한 것이면 그대들이 재판하라. 나는 이러한 일에 재판장 되기를 원치 않는다."

라고 하며 법정에서 내쫓았다.

또 배를 타고 브리스길라와 아굴라를 데리고 수리아로 가 겐그레아에서 머리를 깎고 에베소에 들어갔다가 가이사랴 안디옥으로 귀환하였다(제2차 선교 여행 마침).

〈사도행전 16 : 19~18 : 23〉

진토황금(塵土黃金)
티끌 속에 황금이 있다.

우상이 무너지니
장인들이 생계를 잃었고
물세례가 성령으로 바뀌니
신교 속에 구교가 무너졌다.

13. 제3차 선교여행

바울은 안디옥에서 얼마 있다가 떠나 갈라디아와 부르기아
땅으로 차례로 다니며 제자들을 굳건하게 하였다. 알렉산드리
아 출신 유대인 아볼로는 예배소에서 브리스길라와 아굴라를
만나 하나님의 도를 더 정확하게 알게 되었다. 아볼로가 고린
도에 있을 때 바울이 요한의 세례만을 아는 사람들에게 다시
성령으로 세례하자 방언도 하고 예언도 하는 사람이 열두 사람
이나 되었다. 하나님이 바울의 손으로 놀라운 능력을 행하게
하시니 심지어 바울의 손수건이나 앞치마를 갔다 병든 사람에
게 얹으면 병이 낫고 악귀가 떠났다.
　이에 마술하는 사람들이 바울을 흉내냈는데 제사장 스게와
의 일곱 아들도 그리했다. 악귀들이 스게와의 아들들에게 뛰어
올라 이기니 그들이 상하여 도망하였고, 유대인과 헬라인들이
이 일을 알고 두려워하여 예수의 이름을 높이고 찬양하자 믿는
사람들이 많이 와서 자복하여 행한 일을 알리며 마술사는 은

오만이나 되는 책들을 가져와서 불살랐다.

바울이 디모데와 에라스도를 마게도냐로 보내고 아시아에 얼마 동안 있을 때에 소동이 있었다. 은장색 데메드리오는 아데미의 신상을 만들어 적지 않은 벌이를 하였는데 바울이 ‘사람의 손으로 만든 것은 신이 아니라’ 하여 데메드리오와 그의 직공들이 풍족한 생활을 할 수 없게 되었다. 이에 데메드리오는 동업자들을 충동하여 바울에게 항의하고 분란을 일으켜 바울과 같이 다니는 가이오와 아리스다고를 잡아 연극장으로 끌고 갔으나 서기장이 무리를 진정시켜 풀려나게 되었다.

바울은 소요가 끝나고 마게도냐, 헬라를 거쳐 소바더와 아리스다고, 가이오와 디모데, 두기고와 드로비모가 함께 다니며 전도하였다. 그리고 밀레도에서 에베소 장로들을 청하여 고별설교를 하였다.

“내가 달려갈 길과 주 예수께 받은 사명 곧 하나님의 은혜의 복음을 증언하는 일을 마치려 함에는 나의 생명조차 조금도 귀한 것으로 여기지 아니하노라.”

사람들이 모두 함께 기도하고 헤어졌다.

그리고 바울은 그 길로 예루살렘으로 갔다. 바울이 예루살렘에 이르니 형제들이 우리를 기꺼이 영접하였다. 이튿날 바울이 야고보에게 가 여러 장로들에게 이방인들에게 하신 일들을 낱낱이 고하니 저희가 듣고 하나님께 영광을 돌렸다.

〈사도행전 18 : 24〜21 : 26〉

당당인생(堂堂人生)
당당한 인생이여,
갈 것을 아는 자는 슬퍼하지 않는다.

존경할 만한 사람,
할 일을 다 마친 사람
다시는 생을 받지 않을 사람
모든 사람이 축복 속에
하늘의 은혜를 받은 사람.

14. 고난 속에 증언한 바울

그때 아시아에서 온 사람들이 성전에서 바울을 보고
"이 사람은 우리 백성과 율법과 이 곳을 비방하고 또 헬라인을 데리고 성전에 들어가서 이 거룩한 곳을 더럽혔다."
하며 사람들이 바울을 죽이려 하자 천부장이 와서 바울을 체포하여 영문 안으로 들어갔다. 거기에서 바울이 천부장에게 허락을 받아 백성에게 히브리말로 말하였다.
"나는 유대인으로 길리기아 다소 사람이다. 이 성에서 자라 가말리엘의 문하에서 자랐으며, 율법의 엄한 교훈을 받았다. 내가 이 도를 박해하고 사람을 죽이기까지 하였다. 다메섹에 가까이 갔을 때 하늘의 큰 빛을 보고 예수님의 소리를 들었다…"
바울이 예수를 만난 것과 이방인에 대해 전도하라는 명령을 받았음을 이야기하자 그들은 바울을 죽이려 하였고, 이에 천부장이 채찍질하려 하였으나 바울이 로마 사람임을 알고 그 결박한 것 때문에 두려워하였다.
이튿날 천부장이 유대인들이 바울을 고발하는 이유를 알고자 하여 공회 앞에 바울을 세웠다. 바울은 공회 앞에서 '죽은

자의 소망 곧 부활로 말미암아 내가 심문을 받노라.'라고 하자
바리새인들과 사두개인들 사이에 큰 분쟁이 생겨 천부장은 다
시 바울을 영내로 데려가도록 했다.

　유대인들은 바울을 죽이려는 간계를 꾸몄고, 바울은 가이사
랴로 호송되어 벨릭스 총독 앞에 세워졌다. 대제사장 아나니아
가 총독 앞에서 바울을 고발하였고, 바울은 이에 대하여 해명
하였다. 새로 부임한 총독 베스도는 유대인들의 마음을 얻고자
바울을 구류하여 두었다. 베스도가 부임한 지 3일 후에 예루살
렘으로 올라가니 대제사장들과 유대인들이 바울을 고소하였고,
바울은 가이사에게 상소하여 아그립바왕과 버니게 앞에 서서
변명한 후 아그립바왕에게 전도를 하였으며 로마로 압송되어
가게 되었다.

　로마로 향하는 배는 풍랑으로 난파되었고 멜리데섬에 올라
뱀에게 물렸으나 죽지 않고 열병과 이질에 걸린 보블리오의 부
친을 고치기도 하였다. 석달 후 겨울을 난 후 로마로 향하여
항해하여 로마에 도착하여 전도를 하였다.

〈사도행전 21 : 27~28 : 1~31〉

구사일생(九死一生)
아홉 번 죽었다 살아난 바울이여,
그 믿음과 증언이 폭풍보다 무서웠도다.

보아도 보지 못한 사람도 보지 못하고
들어도 듣지 못한 사람도 듣지 못하나니
이것이 믿음이요 사랑이요 깨달음이다.

로마서

로마서는 바울의 저서로서
개신교에 가장 큰 영향을 준 성서이다.

로마는 예루살렘과 서바나의 중간지점으로
유대인과 이방인들이 혼합공동체를 이루고 있어
종족과 문화, 언약과 율법에 대한 통일적
선교본부가 필요함을 강조하고 있다.

말하자면, 그리스도의 의로운 행위와
그 분에 대한 순종, 자유를 주제로 다루고 있다.

죄 · 진노 · 사망 · 율법 · 의 · 칭의 ·
신앙 · 생명 · 소망 · 할례 · 이스라엘에 대한 제 문제는
이 책의 주제가 되어 있으며

철저하게 새사람으로서의
영적 존재를 부각시키고 있다.

Ⅰ. 사도 바울

  예수 그리스도의 종 바울은 사도로 부르심을 받아 복음을 위하여 택정함을 입었으니 이 복음은 하나님의 아들에 관하여 성경에 미리 약속하신 것이라. 그 분은 다윗의 혈통 중에서 나시고 성결의 영으로는 부활하신 분이다. 바울은 은혜와 사도의 직분을 받아 그 이름을 통해서 이방인들을 순종케 하고 은혜와 평강이 있기를 기도한다.

  인간은 모두 죄 아래에 있는바 율법의 행위로는 의를 얻을 수 없고, 아브라함은 하나님을 믿어 의로 여겨진 바 되었다. 우리가 믿음으로 의롭다 하심을 받았으니 우리 주 예수 그리스도로 말미암아 하나님과 화평을 누리자.

  새 생명 가운데서 행하고 의의 병기로 하나님께 드리며 너희 지체를 의의 무기로 하나님께 드려 거룩함에 이르라.

〈로마서 1 : 1～6 : 23〉

방편과 진실(方便眞實)
이 세상의 모든 방편은
진실을 위한 것이니

처음에는 율법으로
종족을 선택하고
그 다음에는 할례로 하였으나
그 다음 정의로는 믿음 하나로 통일되었다.

그러므로 믿음이 없는 자는
구원을 받을 수 없고
회개 또한 되지 않는다.

2. 영생 구원

그리스도 예수 안에 있는 자에게는 정죄함이 없나니 이는 생명의 성령의 법이 죄와 사망의 법에서 우리를 해방하였기 때문이다.

하나님은 이스라엘을 선택하였으나, 이들은 하나님의 의를 모르고 자기 의를 세우려고 힘써 하나님의 의에 복종하지 않았다. 이스라엘 사람들이 더 큰 죄를 지음으로써 그 구원을 만인에게로 돌린 것이니 이는 참된 선민 이스라엘이나 이방인도 빠짐없이 구원하신다. 그러므로 우리는 하나님의 깊고 깊은 경륜의 뜻을 알아야 할 것이다.

사람이 마음으로 믿어 의에 이르고 입으로 시인하여 구원에 이르느니라.

〈로마서 7 : 1~11 : 36〉

성령생명(聖靈生命)
성령이 생명이다.
모든 율법은 육신에 대한 법률이니
성령으로 새 생명을 삼아야 한다.

하나님의 사랑은 영원한 것이니
고통에서 영광으로
죽음에서 삶으로
어떠한 사람에게도 관계없이
평등하게 적용되기 때문이다.

3. 새로운 삶

너희는 이제부터 하나님이 기뻐하시는 산 제사를 드리라. 이것이 영적 예배다. 너희는 이 세대를 본받지 말고 오직 마음을 새롭게 함으로 변화를 받아 하나님의 선하시고 기뻐하시고 온전하신 뜻이 무엇인지 분별하도록 하라.

한 몸에 여러 지체가 있는 것같이 각기 기능이 다르지만 결국은 한 몸의 작용인 것같이 우리 많은 사람이 그리스도 안에서 한 몸이 되어 서로 지체가 되었느니라.

각 사람은 위에 있는 권세들에게 굴복하라. 모든 권세는 다 하나님의 정하신 바라. 그러므로 권세를 거스르는 자는 하나님의 명을 거스름이니 거스르는 자들은 심판을 자취하리라.

형제를 비판하지 말고 형제로 거리끼게 하지 말라. 선을 이루고 덕을 세우라.

〈로마서 12 : 1~15 : 33〉

원수사랑(怨讐愛護)
원수를 사랑하고 애호하라.

주린 자를 먹이고
목마른 자를 마시게 하라.

빛의 갑옷을 입고
방탕과 술에 취하지 말고
음란 호색하지 말며
쟁투·시기하지 말라.

4. 모두에게 감사하라

서로 문안하라.

겐그레아 교회의 일꾼 뵈뵈, 동역자 브리스가(브리스길라)와 아굴라, 몸과 목숨을 바쳤던 이방인들과 에배네도, 그리고 마리아·안드로니고·유니아, 암블리아·우르바노와 스다구·아벨레, 아리스도불로의 권속들, 헤로디온와 나깃수, 드루배나와 드루보사, 버시·루포와 그 어머니, 아순그리스도와 블레곤·허메, 바드로바와 허마의 형제들, 빌롤로고와 율리아, 네레오와 그 자매, 올름바의 성도들에게 서로 문안하라.

교훈을 떠나 분쟁하지 말고 공교하고 아첨하는 말로 순진한 자들을 미혹하지 말며, 나의 동역자 디모데와 누기오·야손·소시바더도 그대들에게 문안하고, 이 편지를 대서한 더디오, 교회식구 가이오, 재무 에라스도와 그의 형제 구마도도 모두 함께 문안하노라.

〈로마서 16 : 1~27〉

일가친척(一家親戚)
믿는 자는 믿음 속에서
한 가정이요 친척이다.

서로 문안하고 도와주되
절대로 나쁜 것을 보지 말고
듣지 않아야 한다.

사람에게는 누구에게나
허물이 있기 때문이다.

고린도전서

고린도는 그리스의 항구도시로
상업과 무역이 번창한
문화종교의 혼잡 도시였다.

따라서 당파·불륜·소송·혼인문제가 복잡하고
우상·제물·부인 문제
성찬·은사·부친·헌금 문제로
거듭거듭 분쟁되고 있었다.

AD55년경 사도 바울이
3차전도 여행 중
이곳에서 3년간 체류하며
고린도교회를 세워
그들 교우들을 깨우친 편지이다.

Ⅰ. 화합의 말씀

　형제들아, 내가 우리 주 그리스도의 이름으로 권하노라. 같은 말로 분쟁이 없이 하고, 같은 마음으로 같은 뜻을 가지라. 들으니 어떤 자는 바울·아볼로·게바·그리스도에게 각각 속한 자라 하여 화합을 하지 않는다 하니 그리스도께서 어찌 나뉘었느냐.

　그리스도께서 나를 보내심은 세례를 주게 하려 하심이 아니요 오직 복음을 전케 하려 하심이니 말의 지혜로 하지 아니함은 그리스도의 십자가가 헛되지 않게 하려 함이라.

　유대인은 표적을 구하고 헬라인은 지혜를 찾으나 우리는 십자가에 못 박힌 그리스도를 전하니 유대인에게는 거리끼는 것이요 이방인에게는 미련한 것이로되 오직 부르심을 입은 자들에게는 유대인이나 헬라인이나 그리스도는 하나님의 능력이요 하나님의 지혜니라. 하나님의 미련한 것이 사람보다 지혜 있고 하나님의 약한 것이 사람보다 강하니라

〈고린도전서 1 : 1~2 : 16〉

지혜와 능력(智慧能力)
인간은 지혜로 말하나
하늘은 성령으로 말한다.

이런 것을 통해서
지혜 있는 자를 부끄럽게 하고

악한 것을 통해서
강한 것을 부끄럽게 하며

천한 것을 통해서
귀한 것을 폐한 것이다.

2. 하늘의 일꾼

형제들아, 너희가 아직도 육신에 속한 자로다. 너희 가운데 시기와 분쟁이 있으니 그러하다. 심는 이나 물주는 이는 아무 것도 아니고 오직 자라나게 하시는 하나님뿐이니라.

너희가 하나님의 성전인 것과 하나님의 성령이 너희 안에 거하시는 것을 알지 못하느냐. 너희는 그리스도의 것이요 그리스도는 하나님의 것이니라.

사람들은 우리를 그리스도의 일꾼이요 하나님의 비밀을 맡은 자로 여기고 있다. 맡은 자들에게 구할 것은 충성이니라. 그리스도 안에서 일만 스승이 있으되 아비는 많지 아니하니 그리스도 예수 안에서 복음으로써 내가 너희를 낳았음이라. 하나님의 나라는 말에 있지 아니하고 오직 능력에 있음이라.

〈고린도전서 3 : 1~16, 4 : 1~23〉

후욕축복(詬辱祝福)
후욕 속에 축복이 있고
핍박 속에 인욕이 있다.

비방 속에서도 권면하고
더러움 속에서도 깨끗한 것을
가르치는 것이 하늘의 일꾼이다.

3. 음행과 송사

　우리 주 예수의 능력으로 음행한 자를 사탄에게 내어주었으니 육신은 멸하고 영은 구원 얻게 하려 함이라. 적은 누룩이 온 덩어리에 퍼지는 것이다.
　만일 어떤 형제가 음행하거나 탐람하거나 우상 숭배를 하거나 후욕하거나 술 취하거나 토색하거든 사귀지도 말고 그런 자와는 함께 먹지도 말라.
　너희들은 구태여 세상 법정에서 송사하지 말라. 세상도 너희에게 판단을 받겠거든 지극히 작은 일 판단하기를 감당치 못하겠느냐.
　몸은 음란을 위하지 않고 오직 주를 위하며 주는 몸을 위하시느니라. 음행을 피하라 사람이 범하는 죄마다 몸 밖에 있거니와 음행하는 자는 자기 몸에게 죄를 범하느니라. 너희 몸은 너희 가운데 계신 성령의 전이니라. 그런즉 너희 몸으로 하나님께 영광을 돌리라.
　남자가 여자를 가까이 아니함이 좋으나 음행의 연고로 남자마다 자기 아내를 두고 여자마다 자기 남편을 두라.
　우상의 제물로 알고 먹게 되면 그들의 양심이 약하여지고 더러워지느니라. 식물(食物)은 우리를 하나님 앞에 세우지 못하

나니 우리가 먹지 아니하여도 부족함이 없고 먹어도 풍성함이
없으리라. 그런즉 너희 자유함이 약한 자들에게 거치는 것이
되지 않도록 조심하라.

〈고린도전서 5 : 1∼8 : 13〉

불음청정(不婬淸淨)
이 몸은 신령스런 영을 담은 그릇인데
거기 부정한 것을 섞어서 되겠느냐.

그러므로 음(婬)은 처음부터 않는 것이 좋으나
불가피할 때는 부부의 경계를 벗어나지 말고

또 시기를 넘은 여인들도
억지로 결혼하려 생각지 말라.

그 몸은 깨끗하게 하늘에 바치면
오히려 하늘도 기뻐하실 것이다.

4. 사도의 권리와 의무

나는 사도로서 너희에게 신령한 것을 뿌렸은즉 너희 육신의
것을 거두기로 과하다 하겠느냐. 우리가 사도의 권리를 행사하
지 않는 것은 그리스도의 복음에 아무 장애가 없게 하려 함이
다. 내가 복음을 전할지라도 자랑할 것이 없음은 내가 부득불

할 일이기 때문이며 만일 복음을 전하지 아니하면 내게 화가
있을 것이다.

너희는 우상 숭배하는 자가 되지 말라. 간음하지 말고 시험
하지 말고 원망하지 말라.

사람이 감당할 시험 밖에는 당한 것이 없나니 오직 하나님
은 미쁘사 너희가 감당치 못할 시험 당함을 허락지 아니하시고
시험 당할 즈음에 또한 피할 길을 내사 너희로 능히 감당하게
하시느니라.

대저 이방인의 제사하는 것은 귀신에게 하는 것이요 하나님
께 제사하는 것이 아니니 나는 너희가 귀신과 교제하는 자 되
기를 원치 아니하노라. 너희가 주의 잔과 귀신의 잔을 겸하여
마시지 못하고 주의 상과 귀신의 상에 함께 참예치 못하리라.

모든 것이 가하나 모든 것이 유익한 것이 아니요 모든 것이
가하나 모든 것이 덕을 세우는 것이 아니니 누구든지 자기의
유익을 구치 말고 남의 유익을 구하라. 그런즉 너희가 먹든지
마시든지 무엇을 하든지 다 하나님의 영광을 위하여 하라. 모
든 일에 나의 유익을 구치 아니하고 많은 사람의 유익을 구하
여 저희로 구원을 얻게 하라.

〈고린도전서 9 : 1~10 : 33〉

이타자리(利他自利)
남을 이롭게 하고
자기를 이롭게 하라.

남을 이롭게 하는 것은
하늘의 뜻을 받들게 하고자 함이고

나를 이롭게 하는 것은
하늘의 영광을 위해 바치는 것이다.

5. 주의 만찬, 은사와 사랑

　남자의 머리는 그리스도요 여자의 머리는 남자요 그리스도의 머리는 하나님이시라. 남자로서 머리에 무엇을 쓰고 기도나 예언을 하는 자는 그 머리를 욕되게 하는 것이요, 여자로서 머리에 쓴 것을 벗고 기도나 예언을 하는 자는 그 머리를 욕되게 하는 것이니 이는 머리 민 것과 다름이 없음이니라.
　주의 만찬은 주 예수께서 떡을 가지사 축사하시고 떼어 가라사대 '이것은 너희를 위하는 내 몸이니 이것을 행하여 나를 기념하라.' 하시고 식후에 또한 이와 같이 잔을 가지시고 가라사대 '이 잔은 내 피로 세운 새 언약이니 이것을 행하여 마실 때마다 나를 기념하라.' 하셨으니 너희가 이 떡을 먹으며 이 잔을 마실 때마다 주의 죽으심을 오실 때까지 전하라.
　너희는 그리스도의 몸이요 지체의 각 부분이라. 하나님이 교회 중에 몇을 세우셨으니 사도, 선지자, 교사, 능력, 병 고치는 은사, 서로 돕는 것과 다스리는 것과 각종 방언을 하는 것이다. 너희는 더욱 큰 은사를 사모하라.
　사랑은 오래 참고 사랑은 온유하며 투기하는 자가 되지 아니하며 사랑은 자랑하지 아니하며 교만하지 아니하며 무례히 행치 아니하며 자기의 유익을 구치 아니하며 성내지 아니하며 악한 것을 생각지 아니하며 불의를 기뻐하지 아니하며 진리와

함께 기뻐하고 모든 것을 참으며 모든 것을 믿으며 모든 것을
바라며 모든 것을 견디느니라. 그런즉 믿음, 소망, 사랑, 이 세
가지는 항상 있을 것인데 그 중에 제일은 사랑이라.

〈고린도전서 11 : 1∼13 : 13〉

사랑 제일(博愛第一)
믿음 · 소망 · 사랑 가운데
사랑이 제일이다.

사랑은 언제나 함께 하고
거기에는 예언도 방언도
지식도 필요치 않느니라.

마치 거울로 보는 것같이
서로 얼굴을 대하여 볼 것이고
부분적으로 알았던 것을
전체적으로 또렷이 알 것이다.

6. 방언과 예언

방언은 사람에게 하지 아니하고 하나님께 하나니 알아듣는
자가 없고 그 영으로 비밀을 말하는 것이며, 예언은 사람에게
말하여 덕을 세우며 권면하며 안위하는 것이다. 방언을 말하는
자는 자기의 덕을 세우고 예언하는 자는 교회의 덕을 세우는

것이다. 모든 것을 적당하게 하고 질서대로 하라.

내가 받은 것을 먼저 너희에게 전하였노니 이는 성경대로 그리스도께서 우리 죄를 위하여 죽으시고 장사 지낸 바 되었다가 성경대로 사흘만에 다시 살아나셨느니라. 그리스도께서 다시 사신 것이 없으면 너희의 믿음도 헛되고 너희가 여전히 죄 가운데 있을 것이다. 그러나 이제 그리스도께서 죽은 자 가운데서 다시 살아 잠자는 자들의 첫 열매가 되셨도다. 아담 안에서 모든 사람이 죽은 것 같이 그리스도 안에서 모든 사람이 삶을 얻으리라.

〈고린도전서 14 : 1～15 : 57〉

종자생종(種子生種)
종자에서 종자가 나
종자가 끊어지지 않듯

육체도 그러하여
끝이 없으리라.

하물며 영이 어찌
죽음이 있겠는가.

사망의 쏘는 죄요
죄의 권능은 율법이다.
썩을 것이 썩지 아니하면
죽은 것도 죽지 않게 되리라.

7. 교회와 연보

성도를 위하는 연보에 대하여는, 매주 첫날에 너희 각 사람이 수입에 따라 모아 두어서 내가 갈 때에 연보를 하지 않게 하라.

만일 누구든지 주를 사랑하지 아니하거든 저주를 받을지어다. 주께서 임하시느니라. 주 예수 그리스도의 은혜가 너희와 함께 하고 나의 사랑이 그리스도 예수의 안에서 너희 무리와 함께 할지어다.

〈고린도전서 16 : 1~24〉

유화상생(油火相生)
기름과 불은
불가 불이의 관계에 있다.
기름이 있는 곳에 불이 있고
불이 타는 곳에 기름이 있기 때문이다.

교회와 연보는 기름과 불과 같나니
구원의 공동체는 성도들의 희사에 의하여
교회를 살리고 가난한 자를 도왔으니
사회복지의 시발점이었다.

고린도후서

고린도후서도
바울이 마게도냐에서 고린도 교회에서 보낸 편지이다.

고린도전서를 쓰고 난 뒤
디도를 고린도 교회로 보냈으나 돌아오지 않자
소동이 일어난 에베소를 떠나 드로아를 거쳐
마게도냐를 거쳐 디도를 만나게 된다.

고린도 교인들이 바울의 편지를 받고
회개하였다는 소식과
바울을 지지하고 반대하는 파가 있다는 소식을 듣고
사도권의 정당성과 복음의 전파를 위해
이 글을 다시 쓰게 되었다.

그러므로 이 책에는
바울의 개인적 경험과 견해가 많이 들어 있으며
감정적 인간성이 복음을 위해
어떻게 작용하였는가를 살펴볼 수 있다.
초기 기독교 교회사에 중요한 자료가 된다.

Ⅰ. 하나님의 이름으로 위로한다

하나님은 자비의 아버지시요 모든 위로의 하나님이시며, 우리의 모든 환난 중에서 우리를 위로하사 하나님께 받는 위로로써 모든 환난 중에 있는 자들을 능히 위로하게 하시는 이시로다. 우리가 당한 환난은 힘에 지나도록 심한 고생을 받아 살 소망까지 끊어졌는데, 이는 오직 죽은 자를 다시 살리시는 하나님만 의뢰하게 하심이라.

내가 만일 용서한 일이 있으면 용서한 그것은 너희를 위하여 그리스도 앞에서 한 것이니 이는 우리로 사탄에게 속지 않게 하려 함이라.

우리는 구원 얻는 자들에게나 망하는 자들에게나 하나님 앞에서 그리스도의 향기니 이 사람에게는 사망으로 좇아 사망에 이르는 냄새요 저 사람에게는 생명으로 좇아 생명에 이르는 냄새라 누가 이것을 감당하리요. 너희는 우리로 말미암아 나타난 그리스도의 편지니 이는 살아 계신 하나님의 영으로 한 것이며 오직 육의 심비에 한 것이라.

우리로 새 언약의 일꾼 되기에 만족케 하셨으니 의문(儀文)으로 하지 아니하고 오직 영으로 함이니 의문은 죽이는 것이요 영은 살리는 것임이니라.

돌에 써서 새긴 죽게 하는 의문의 직분도 영광이 있어 이스라엘 자손들이 모세의 얼굴의 없어질 영광을 인하여 그 얼굴을 주목하지 못하였거든 하물며 영의 직분이 더욱 영광이 있지 아니하겠느냐.

〈고린도후서 1 : 1~3 : 18〉

계약시기(契約時期)

계약은 시기 따라 달라진다.
구약은 이스라엘 백성들과의 계약이고
신약은 세계 인류와의 계약이나
만약 새로운 계약이 나타난다면
이것은 전 우주적인 계약이 될 것이다.

그러므로 그 성격을 잘 판단하여
계약서에 쓴 글씨만 보지 말고
계약서 내용을 잘 보아
보자기 속에 황금을 찾아야 할 것이다.

2. 화목하게 하는 직분

우리는 오직 그리스도 예수의 주 되신 것과 또 예수를 위하여 우리가 너희의 종 된 것을 전파함이라. 우리가 이 보배를 질그릇에 가졌으니 이는 능력의 심히 큰 것이 하나님께 있고 우리에게 있지 아니함을 알게 하려 함이라.

우리가 낙심하지 아니하노니 겉사람은 후패하나 우리의 속은 날로 새롭도다. 누구든지 그리스도 안에 있으면 새로운 피조물이라. 이전 것은 지나갔으니 보라 새것이 되었도다.
모든 것이 하나님께로 났나니 저가 그리스도로 말미암아 우리를 자기와 화목하게 하시고 또 우리에게 화목하게 하는 직책을 주셨으니 이는 하나님께서 그리스도 안에 계시사 세상을 자기와 화목하게 하시며 저희의 죄를 저희에게 돌리지 아니하시고 화목하게 하는 말씀을 우리에게 부탁하셨느니라.

보라 지금은 은혜 받을만한 때요 지금은 구원의 날이로다. 너희는 믿지 않는 자와 멍에를 같이 하지 말라. 의와 불법이 어찌 함께하며 빛과 어두움이 어찌 사귀며 그리스도와 벨리알이 어찌 조화되며 믿는 자와 믿지 않는 자가 어찌 상관하며 하나님의 성전과 우상이 어찌 일치가 되리요. 우리는 살아 계신 하나님의 성전이라.

〈고린도후서 4 : 1∼6 : 18〉

자등명법등명(自燈明法燈明)
스스로 등불이 되어
진리의 등불을 밝혀라.
세상은 깜깜답답
한 발짝 옮겨 갈 수 없느니라.

다른 것을 의지하지 말게 하고
스스로 의지하게 하여
다른 것을 의지하게 하지 말고
자기를 의지하여 살게 하라.
그러면 그 가운데서
기쁨이 샘솟으리라.

3. 모범된 교회

그런즉 사랑하는 자들아 이 약속을 가진 우리가 하나님을 두려워하는 가운데서 거룩함을 온전히 이루어 육과 영의 온갖 더러운 것에서 자신을 깨끗케 하자. 하나님의 뜻대로 하는 근심은 후회할 것이 없는 구원에 이르게 하는 회개를 이루는 것이요 세상 근심은 사망을 이루는 것이니라.

환난의 많은 시련 가운데서 저희 넘치는 기쁨과 극한 가난이 저희로 풍성한 연보를 넘치도록 하게 하였느니라. 연보는 그 마음에 정한 대로 할 것이요 인색함으로나 억지로 하지 말지니 하나님은 즐겨 내는 자를 사랑하시느니라.

하나님이 능히 모든 은혜를 넘치게 하시나니 이는 모든 일에 항상 모든 것이 넉넉하여 모든 착한 일을 넘치게 하게 하려 하심이라.

〈고린도후서 7 : 1～9 : 15〉

공업불번(功業不煩)
공업으로 사람들을
번거롭게 하지 아니하여도
사도의 행장은
언제나 하늘에 있네.

하늘에 쌓은 양식
비처럼 내리니
나 혼자만 먹는 것이 아니라
만 중생이 한꺼번에 먹네.

4. 자랑스런 사도

이제 그리스도의 온유와 관용으로 친히 너희를 권하기를 구하노라. 우리의 싸우는 병기는 육체에 속한 것이 아니요 오직 하나님 앞에서 견고한 진을 파하는 강력이라.

거짓 사도요 궤휼의 역군들은 자기를 그리스도의 사도로 가장하는 자들이니라. 사탄도 자기를 광명의 천사로 가장하나니 사탄의 일꾼들도 자기를 의의 일꾼으로 가장하는 것이다.

내 육체에 가시 곧 사탄의 사자를 주셨으니 이는 나를 쳐서 너무 자고하지 않게 하려 하심이니라. 이것이 내게서 떠나기 위하여 내가 세번 주께 간구하였더니 내게 이르시기를 '내 은혜가 네게 족하도다. 이는 내 능력이 약한데서 온전하여짐이라.' 하신지라.

그리스도께서 약하심으로 십자가에 못 박히셨으나 오직 하나님의 능력으로 사셨으니 우리도 저의 안에서 약하나 너희를 향하여 하나님의 능력으로 저와 함께 살리라. 우리가 약할 때에 너희의 강한 것을 기뻐하고 또 이것을 위하여 구하니 곧 너희의 온전하게 되는 것이라.

형제들아 기뻐하라. 온전케 되며 위로를 받으며 마음을 같이 하며 평안할지어다. 또 사랑과 평강의 하나님이 너희와 함께 계시리라.

〈고린도후서 10 : 1〜13 : 13〉

수처득주(隨處得主)
서 있는 곳마다

진리의 자리가 되고
가는 곳마다 주인이 되었다.

그의 확고한 신념과
투철한 정신은 비시디아·안디옥
빌립보·고린도·에베소·로마 등
각 지역의 중심도시에 회당을 건립하게 하였고
청중들의 필요에 따라 메시지를 전했다.

교회마다 장로를 세워 감독하게 하고
교회 상호간의 연합을 도모했으며
연보를 통해 가난한 자와 병자를 도왔다.

갈라디아서

바울이 바나바와 함께
남쪽 갈라디아 선교를 무사히 마치고 돌아온 뒤
유대인들이 유대의 풍습(할례와 모세율법)을
강요한다는 말을 듣고
"믿음으로써 새롭게 된다."는 편지를 써
성령 안에서 새 생활을 할 수 있도록
강조한 편지다.

바울의 사도권을 부정하고
예수의 십자가 구속을 반대하는 자들을
복음으로 이끌어간 이 편지는
루터의 애인이 되어
장차 종교개혁의 본이 된다.

Ⅰ. 확신의 삶

오직 예수 그리스도와 및 죽은 자 가운데서 그리스도를 살리신 하나님 아버지로 말미암아 사도된 바울은 갈라디아 여러 교회들에게 우리 하나님 아버지와 주 예수 그리스도로 좇아 은혜와 평강이 있기를 원하노라.

다른 복음은 없나니 다만 어떤 사람들이 너희를 요란케 하여 그리스도의 복음을 변하려 함이라. 우리가 너희에게 전한 복음 외에 다른 복음을 전하면 저주를 받을지어다.

내가 전한 복음이 사람의 뜻을 따라 된 것이 아니라 오직 예수 그리스도의 계시로 말미암은 것이라.

내가 유대교에 있을 때에 행한 일을 너희가 들었거니와 하나님의 교회를 심히 핍박하여 잔해하고 내 조상의 유전에 대하여 더욱 열심이 있었으나 나를 택정하시고 은혜로 나를 부르신 이가 그 아들을 이방에 전하기 위하여 그를 내 속에 나타내시기를 기뻐하셨다.

〈갈라디아서 1 : 1~24〉

아시천종(我是天從)
나는 하늘을 따르는 종
지상의 것을 구하지 않는 사람이다.
유대교의 지나친 율법과 관념은
장차 세계인류를 구할 수 없기 때문이다.

2. 이방인의 사도

14년 후에 내가 바나바와 함께 디도를 데리고 다시 예루살렘에 올라갔노니 내가 이방 가운데서 전파하는 복음을 저희에게 제출하되 유명한 자들에게 사사로이 한 것은 내가 달음질한 것이 헛되지 않게 하려 함이라.

사람이 의롭게 되는 것은 율법의 행위에서 난 것이 아니요 오직 예수 그리스도를 믿음으로 말미암는 것이다. 율법의 행위로서는 의롭다 함을 얻을 육체가 없느니라.

어리석은 갈라디아 사람들아. 예수께서 십자가에 못 박히신 것이 너희 눈앞에 밝히 보이거늘 누가 너희를 꾀더냐. 믿음으로 말미암은 자는 믿음의 아브라함과 함께 복을 받느니라.

믿음이 오기 전에 우리가 율법 아래 매인 바 되고 계시될 믿음의 때까지 갇혔느니라. 율법은 우리를 그리스도에게로 인도하는 몽학선생이 되어 우리로 하여금 믿음으로 말미암아 의롭다 함을 얻게 하려 함이니라. 믿음이 온 후로는 우리가 몽학선생 아래 있지 아니하도다. 때가 차매 하나님이 그 아들을 보내사 여자에게서 나게 하시고 율법 아래 나게 하신 것은 율법 아래 있는 자들을 속량하시고 우리로 아들의 명분을 얻게 하려 하심이라.

〈갈라디아서 2:1~4:31〉

몽학선생(蒙學先生)
어린아이들이 알아야 할 일을

아직 알지 못하고 있을 때
몽학선생은 이를 위해 교육한다.

예수 이전의 모든 사도들은
모두가 몽학선생이나
이젠 깨달음을 통해 믿음만 실천하면
세계가 모두 하나가 될 수 있다는 말이다.

3. 성령의 열매

그리스도께서 우리로 자유케 하려고 자유를 주셨으니 그러므로 굳세게 서서 다시는 종의 멍에를 메지 말라. 율법 안에서 의롭다 함을 얻으려 하는 자는 그리스도에게서 끊어지고 은혜에서 떨어진 자로다.

너희는 성령을 좇아 행하라. 육체의 소욕은 성령을 거스르고 성령의 소욕은 육체를 거스르는 것이다. 오직 성령의 열매는 사랑과 희락과 화평과 오래 참음과 자비와 양선과 충성과 온유와 절제니 이같은 것을 금지할 법이 없느니라.

너희가 짐을 서로 지라. 그리하여 그리스도의 법을 성취하라. 자기의 육체를 위하여 심는 자는 육체로부터 썩어진 것을 거두고 성령을 위하여 심는 자는 성령으로부터 영생을 거두리라.

〈갈라디아서 5 : 1~6 : 18〉

진신무박(眞信無縛)
참된 신앙은 얽매이는 것이 없다.
오직 믿음을 통해 바로 해탈을 얻는 까닭이다.

하나님 신앙은 율법인 동시에
율법을 초월하고
하나님 신앙은 육체인 동시에
육체를 초월한 영적 신앙이다.

에베소서

에베소서는
바울의 4대 옥중서신
(에베소서 · 빌립보서 · 빌레몬서 · 골로새서)의 하나로
에베소 교회와 아시아 교인들께
교회를 중심으로 하늘을 섬길 것을
간절히 부탁한 서신이다.

누구나 한 번 하늘의 뜻에 의해
선택된 사람이라면
그리스도 안에서 교회를 중심으로
실천적 교훈을 몸소 행할 것을 강조하고 있다.

1. 교회의 머리로서의 그리스도

하나님 곧 우리 주 예수 그리스도의 아버지께서 그리스도
안에서 우리에게 복 주시되 그리스도 안에서 우리를 택하사 사

랑 안에서 거룩하고 흠이 없게 하시려고 예정하사 예수 그리스
도로 말미암아 자기의 아들들이 되게 하셨다.

하나님의 능력이 그리스도 안에서 역사하사 죽은 자들 가운
데서 다시 살리시고 하늘에서 자기의 오른편에 앉히사 모든 정
사와 권세와 능력과 주관하는 자와 이 세상뿐 아니라 오는 세
상에 일컫는 모든 이름 위에 뛰어나게 하시고 또 만물을 그 발
아래 복종하게 하시고 그를 만물 위에 교회의 머리로 주셨느니
라. 교회는 그의 몸이니 만물 안에서 만물을 충만케 하시는 자
의 충만이니라.

너희는 사도들과 선지자들의 터 위에 세우심을 입은 자라
그리스도 예수께서 친히 모퉁이 돌이 되셨느니라. 그의 안에서
건물마다 서로 연결하여 주 안에서 성전이 되어가고 너희도 성
령 안에서 하나님의 거하실 처소가 되기 위하여 예수 안에서
함께 지어져 가느니라.

〈에베소서 1 : 1~3 : 21〉

강건능력(剛健能力)
능력이 강건한 자가
영광을 얻나니
계시는 믿음 속에서 오고
사랑 가운데서 뿌리가 뻗는다.

하늘은 우리의 화평
돌로 막힌 담을 뚫고 통일의 길을 열었으니
민족·국가·성명에 관계없이
모두가 하나가 되라.

2. 하나 된 삶

주 안에서 갇힌 내가 너희를 권하노니 너희가 부르심을 입은 부름에 합당하게 행하여 모든 겸손과 온유로 하고 오래 참음으로 사랑 가운데서 서로 용납하고 평안의 매는 줄로 성령의 하나 되게 하신 것을 힘써 지키라. 몸이 하나이요 성령이 하나이니 이와 같이 너희가 부르심의 한 소망 안에서 부르심을 입었느니라.

너희는 유혹의 욕심을 따라 썩어져 가는 구습을 좇는 옛 사람을 벗어 버리고 오직 심령으로 새롭게 되어 하나님을 따라 의와 진리의 거룩함으로 지으심을 받은 새 사람을 입으라.

그러므로 사랑을 입은 자녀 같이 너희는 하나님을 본받는 자가 되고 그리스도께서 너희를 사랑하신 것 같이 너희도 사랑 가운데서 행하라.

어리석은 자가 되지 말고 오직 주의 뜻이 무엇인가 이해하라. 술 취하지 말라 이는 방탕한 것이니 오직 성령의 충만을 받으라. 시와 찬미와 신령한 노래들로 서로 화답하며 너희의 마음으로 주께 노래하며 찬송하며 범사에 우리 주 예수 그리스도의 이름으로 항상 아버지 하나님께 감사하며 그리스도를 경외함으로 피차 복종하라.

아내들이여 자기 남편에게 복종하기를 주께 하듯 하라. 아내들도 범사에 그 남편에게 복종할지니라. 자녀들아 너희 부모를 주 안에서 순종하라. 아비들아 너희 자녀를 노엽게 하지 말고 오직 주의 교양과 훈계로 양육하라.

마귀의 궤계를 능히 대적하기 위하여 하나님의 전신갑주를

입으라. 우리의 씨름은 혈과 육에 대한 것이 아니요 정사와 권
세와 이 어두움의 세상 주관자들과 하늘에 있는 악의 영들에게
대함이라. 그러므로 하나님의 전신갑주를 취하라.

〈에베소서 4 : 1~6 : 24〉

천사와 악령(天使惡靈)
하늘을 반역하는
네 가지 천사가 있으니

첫째는 사탄이요
둘째는 정사와 권세로 위계를 꾸미는 자들이며
셋째는 어둠의 세계를 주관하는 자들이고
넷째는 악령들이다.

어두운 곳에서는 빛이 제일이고
악에는 사랑이 으뜸이며
권세에는 정의가 제일이요
사탄에게는 청정이 으뜸이다.

빌립보서

기쁨과 감사의 서신
자신이 세운 교회의 교인들이 보낸 돈이
교우(에바브로디도)의 병을 구했기 때문이다.

빌립보 교인들이 가난과 고난 속에서도
남을 돕고 살 수 있었다고 하는 것은
그리스도의 칭의 성화 영화를 전가 받았기 때문에
부활의 권능과 고난에 참여한 것이라 칭찬하고 있다.

특히 빌립보 시민들이
로마와 떨어져 있으면서도
로마의 권리와 의무를 가진 시민임을 자처하는 것처럼
바울 자신은 하나님의 시민으로서
특권을 누리고 있는 것을 자부하여
장차 성도들에게 그리스도 중심,
복음중심, 교회중심의 삶을 할 수 있는 길을 열었다.

Ⅰ. 겸손한 그리스도인

내가 예수 그리스도의 심장으로 너희 무리를 어떻게 사모하는지 하나님이 내 증인이시니라. 형제들아 나의 당한 일이 도리어 복음의 진보가 된 줄을 너희가 알기를 원하노라.

나의 간절한 기대와 소망을 따라 아무 일에든지 부끄럽지 아니하고 오직 전과 같이 이제도 온전히 담대하여 살든지 죽든지 내 몸에서 그리스도가 존귀하게 되게 하려 하나니 이는 내게 사는 것이 그리스도니 죽는 것도 유익함이니라.

그리스도 예수는 근본 하나님의 본체시나 하나님과 동등됨을 취할 것으로 여기지 아니하시고 오히려 자기를 비어 종의 형체를 가져 사람들과 같이 되었고 사람의 모양으로 나타나셨으매 자기를 낮추시고 죽기까지 복종하셨으니 곧 십자가에 죽으심이라.

너희 안에서 행하시는 이는 하나님이시니 자기의 기쁘신 뜻을 위하여 너희로 소원을 두고 행하게 하시나니 모든 일을 원망과 시비가 없이 하라.

〈빌립보서 1 : 1~2 : 30〉

순진무구(純眞無垢)
하늘의 별처럼 티없이 청정한
순진무구한 삶을 추구한 성도들,

멸망과 구원의 빙거(憑據) 속에서
투기와 분쟁의 요란(搖亂) 속에서

얽매임을 벗어나는 투사처럼
만인을 보호하는 시위대처럼
기쁜 마음으로 영접하고 보호하라.

2. 하나님께로부터 난 의

무엇이든지 내게 유익하던 것을 내가 그리스도를 위하여 다해로 여길 뿐더러 또한 모든 것을 해로 여김은 내 주 그리스도 예수를 아는 지식이 가장 고상함을 인함이라. 내가 그를 위하여 모든 것을 잃어버리고 배설물로 여김은 그리스도를 얻고 그 안에서 발견되려 함이니 내가 가진 의는 율법에서 난 것이 아니요 오직 그리스도를 믿음으로 말미암은 것이니 곧 믿음으로 하나님께로서 난 의라.

형제들아 나는 아직 내가 잡은 줄로 여기지 아니하고 오직 한 일 즉 뒤에 있는 것은 잊어버리고 앞에 있는 것을 잡으려고 푯대를 향하여 그리스도 예수 안에서 하나님이 위에서 부르신 부름의 상을 위하여 좇아가노라.

우리의 시민권은 하늘에 있는지라 거기로서 구원하는 자 곧 주 예수 그리스도를 기다리노니 그가 만물을 자기에게 복종케 하실 수 있는 자의 역사로 우리의 낮은 몸을 자기 영광의 몸의 형체와 같이 변케 하시리라.

아무 것도 염려하지 말고 오직 모든 일에 기도와 간구로, 너희 구할 것을 감사함으로 하나님께 아뢰라. 그리하면 모든 지각에 뛰어난 하나님의 평강이 그리스도 예수 안에서 너희 마음과 생각을 지키시리라.

　내가 어떠한 형편에든지 자족하기를 배웠노니 비천에 처할 줄도 알고 풍부에 처할 줄도 알아 모든 일에 배부르며 배고픔과 풍부와 궁핍에도 일체의 비결을 배웠노라. 내게 능력 주시는 자 안에서 내가 모든 것을 할 수 있느니라.

〈빌립보서 3 : 1~4 : 23〉

천권시민(天權市民)
하늘의 시민권은
지상의 시민권과 같지 않다.

용서와 구원의 나라
잃은 양과 아들을 찾은 기쁨으로 얻어지는 땅

자기의 모든 소유를 포기하고
자신의 육체마저 버릴 수 있는 신앙과
씨를 뿌리고 가꾼 자만이 얻을 수 있는 열매다.

골로새서

골로새는 소아시아 도시로서
바울이 에베소에서 3년간 전도할 때
에바브라에게 복음을 전한 곳이다.

그런데 얼마쯤 있다가
예수님의 성육신과 구원을 부인하고
유대교적 율법주의(할례·음식·절기 준수)와
천사숭배주의와 금욕주의 신학이 싹터 있었던 것을
편지를 통해 논박하였다.

Ⅰ. 그리스도와 함께하는 새 사람

하나님께서 우리를 흑암의 권세에서 건져내사 그의 사랑의
아들의 나라로 옮기셨으니 그 아들 안에서 우리가 구속을 얻었
도다. 그는 보이지 아니하시는 하나님의 형상이요 모든 창조물
보다 먼저 나신 자니 만물이 그에게 창조되었다.

그는 몸인 교회의 머리라. 그가 근본이요 죽은 자들 가운데서 먼저 나신 자니 이는 친히 만물의 으뜸이 되려 하심이요, 아버지께서는 모든 충만으로 예수 안에 거하게 하시고 그의 십자가의 피로 화평을 이루사 만물들을 그로 말미암아 자기와 화목케 되기를 기뻐하심이라.

복음은 천하 만민에게 전파된 바요 나 바울은 이 복음의 일꾼이 되었노라. 내가 이제 너희를 위하여 받는 괴로움을 기뻐하고 그리스도의 남은 고난을 그의 몸된 교회를 위하여 내 육체에 채우노라.

내가 어떻게 힘쓰는 것을 너희가 알기를 원하노니 저희로 마음에 위안을 받고 사랑 안에서 연합하여 원만한 이해의 모든 부요에 이르러 하나님의 비밀인 그리스도를 깨닫게 하려 함이라. 그 안에는 지혜와 지식의 모든 보화가 감춰져 있느니라.

너희가 그리스도 예수를 주로 받았으니 그 안에서 행하되 그 안에 뿌리를 박으며 세움을 입어 교훈을 받은 대로 믿음에 굳게 서서 감사함을 넘치게 하라.

그 안에는 신성의 모든 충만이 육체로 거하시고 너희도 그 안에서 충만하여졌으니 그는 모든 정사와 권세의 머리시라.

너희가 세상의 초등 학문에서 그리스도와 함께 죽었거든 어찌하여 세상에 사는 것과 같이 의문에 순종하느냐. 이런 것들은 자의적 숭배와 겸손과 몸을 괴롭게 하는 데 지혜 있는 모양이나 오직 육체 좇는 것을 금하는 데는 유익이 없느니라.

〈골로새서 1 : 1~29, 2 : 1~23〉

관습포기(慣習抛棄)
새 술은 새 부대에 담듯

옛 시대의 관습을 버리고
새로운 믿음을 형성하라.

하늘의 구원은 관습에 있지 않나니
낡은 철학 묵은 율법, 천사숭배 등
신비주의적 요소를 버리고 금욕에서 해방하라.

2. 주께 하듯 하라

너희가 그리스도와 함께 다시 살리심을 받았으면 위엣 것을 찾으라. 거기는 그리스도께서 하나님 우편에 앉아 계시느니라. 위엣 것을 생각하고 땅엣 것을 생각지 말라.

너희가 서로 거짓말을 말라. 옛 사람과 그 행위를 벗어버리고 새 사람을 입었으니 이는 자기를 창조하신 자의 형상을 좇아 지식에까지 새롭게 하심을 받는 자니라.

그러므로 너희는 하나님의 택하신 거룩하고 사랑하신 자처럼 긍휼과 자비와 겸손과 온유와 오래 참음을 옷 입고 누가 뉘게 혐의가 있거든 서로 용납하여 피차 용서하고 이 모든 것 위에 사랑을 더하라.

그리스도의 평강이 너희 마음을 주장하게 하라. 평강을 위하여 너희가 한 몸으로 부르심을 받았나니 또한 너희는 감사하는 자가 되라.

그리스도의 말씀이 너희 속에 풍성히 거하여 모든 지혜로 피차 가르치며 권면하고 시와 찬미와 신령한 노래를 부르며 마음에 감사함으로 하나님을 찬양하고 또 무엇을 하든지 다 주 예수의 이름으로 하고 그를 힘입어 하나님 아버지께 감사하라.
  기도를 항상 힘쓰고 기도에 감사함으로 깨어 있으라. 또한 너희 말을 항상 은혜 가운데서 소금으로 고루게 함같이 하라 그리하면 각 사람에게 마땅히 대답할 것을 알리라

〈골로새서 3 : 1～4 : 18〉

죄무자성(罪無自性)
죄는 자성이 없다.
마음에서 일어나는 것이니
마음만 없어지면
죄 또한 없어진다.

데살로니가전서

이 책도 바울이 디모데를
데살로니가로 보냈다가
고린도에서 만난 사실로 보아

고린도에서 이방종교인들에게
시달리고 있는 새로운 신자들을 위로하고

경건한 삶에 관한 교훈을 주어
일상생활에 충실하면 그리스도 재림 때
누구나 다시 살아날 수 있다는 확신을 준 서신이다.

1. 데살로니가 교인들의 믿음

우리가 너희 무리를 인하여 항상 하나님께 감사하고 기도할
때에 너희를 말함은 너희의 믿음의 역사와 사랑의 수고와 우리

주 예수 그리스도에 대한 소망의 인내를 우리 하나님 아버지 앞에서 쉬지 않고 기억함이니 하나님의 사랑하심을 받은 형제들아 너희를 택하심을 아노라.

또 너희는 많은 환난 가운데서 성령의 기쁨으로 도를 받아 우리와 주를 본받은 자가 되었으니 모든 믿는 자의 본이 되었는지라.

형제들아 우리의 수고와 애쓴 것을 너희가 기억하리니 너희 아무에게도 누를 끼치지 아니하려고 밤과 낮으로 일하면서 너희에게 하나님의 복음을 전파하였노라.

우리의 소망이나 기쁨이나 자랑의 면류관이 무엇이냐? 그의 강림하실 때 우리 주 예수 앞에 너희가 아니냐. 너희는 우리의 영광이요 기쁨이니라.

〈데살로니가전서 1 : 1~2 : 20〉

재림확신(再臨確信)
주의 재림은
마치 한 임금이 어떤 도시를 돌아보고
돌아오는 것과 같다.

그러니 심령을 변화시키고
기쁨 가운데로 이끌어
그를 맞을 준비를 해야 한다고 생각하라.
떠난 것은 잠깐이요, 만날 것은 영원이기 때문이다.

2. 기쁜 마음으로 기도하라

형제들아 우리가 주 예수 안에서 너희에게 구하고 권면하노니 너희가 마땅히 어떻게 행하며 하나님께 기쁘시게 할 것을 우리에게 받았으니 곧 너희 행하는 바라. 하나님의 뜻은 너희의 거룩함이라.

주께서 호령과 천사장의 소리와 하나님의 나팔로 친히 하늘로 좇아 강림하시리니 그리스도 안에서 죽은 자들이 먼저 일어나고 그 후에 살아남은 자도 저희와 함께 구름 속으로 끌어 올려 공중에서 주를 영접하게 하시리니 우리가 항상 주와 함께 있으리라.

너희는 다 빛의 아들이요 낮의 아들이라. 우리가 밤이나 어두움에 속하지 아니하나니 그러므로 자지 말고 오직 깨어 근신할지라.

예수께서 우리를 위하여 죽으사 우리로 하여금 깨든지 자든지 자기와 함께 살게 하려 하셨느니라. 그러므로 피차 권면하고 피차 덕을 세우라. 삼가 악으로 악을 갚지 말게 하고 오직 피차 대하든지 모든 사람을 대하든지 항상 선을 좇으라.

항상 기뻐하라. 쉬지 말고 기도하라. 범사에 감사하라. 이는 그리스도 예수 안에서 너희를 향하신 하나님의 뜻이니라. 성령을 소멸치 말며 예언을 멸시치 말고 범사에 헤아려 좋은 것을 취하고 악은 모든 모양이라도 버리라.

〈데살로니가전서 3 : 1~5 : 28〉

천조다양(天祚多樣)
하늘의 징조는 다양하다.
때로는 호령, 때로는 나팔
구름 속에서 그림자 지고
바람 속에서 메아리친다.

믿음이 실답지 못한 자들은
기대와 염려 속에서
하던 일을 놓아버리고
방심할 수 있기 때문에 경계한 것이다.

데살로니가후서

성도들이 핍박을 받고
예수의 재림만을 기다리고 있다는 말을 듣고

데살로니가전서 후 얼마 있다가
일상생활에 문란하면
주를 맞을 수 없다 경계한 글이다.

환란 속에서 안식이 있으니
하늘의 공행(功行)을 믿고
능력의 천사들과 함께 정진할 것을
권고하였다.

I. 감사기도

형제들아 우리가 너희를 위하여 항상 하나님께 감사할지니 너희 믿음이 더욱 자라고 다 각기 서로 사랑함이 풍성함이며 너희의 참는 모든 핍박과 환난 중에서 너희 인내와 믿음을 인하여 하나님의 여러 교회에서 우리가 친히 자랑함이라.

이는 하나님의 공의로운 심판의 표요 너희로 하여금 하나님 나라에 합당한 자로 여기심을 얻게 하려 함이니 그 나라를 위하여 너희가 또한 고난을 받느니라.

주 예수께서 능력의 천사들과 함께 하늘로부터 불꽃 중에 나타나실 때에 하나님을 모르는 자들과 우리 주 예수의 복음을 복종치 않는 자들에게 형벌을 주시리니 이런 자들이 주의 얼굴과 그의 힘의 영광을 떠나 영원한 멸망의 형벌을 받으리로다.

우리 하나님이 너희를 그 부르심에 합당한 자로 여기시고 모든 선을 기뻐함과 믿음의 역사를 능력으로 이루게 하시고 우리 주 예수의 이름이 너희 가운데서 영광을 얻으시고 너희도 그 안에서 영광을 얻게 하려 함이니라.

누가 주의 날이 이르렀다고 하여도 너희가 미혹하지 말라. 먼저 배도하는 일이 있고 저 불법의 사람 곧 멸망의 아들이 나타나기 전에는 이르지 아니할 것이다.

악한 자의 임함은 사탄의 역사를 따라 모든 능력과 표적과 거짓 기적과 불의의 모든 속임으로 멸망하는 자들에게 임하리니 이는 저희가 진리의 사랑을 받지 아니하여 구원함을 얻지 못함이니라.

주의 사랑하시는 형제들아 우리가 항상 너희를 위하여 마땅히 하나님께 감사할 것은 하나님이 처음부터 너희를 택하사 성령의 거룩하게 하심과 진리를 믿음으로 구원을 얻게 하심이니 복음으로 너희를 부르사 우리 주 예수 그리스도의 영광을 얻게 하려 하심이니라.

주는 미쁘사 너희를 굳게 하시고 악한 자에게서 지키시리라. 주께서 너희 마음을 인도하여 하나님의 사랑과 그리스도의 인내에 들어가게 하시기를 원하노라.

너희 가운데 규모 없이 행하여 도무지 일하지 아니하고 일만 만드는 자들이 있다 하니 종용히 일하여 자기 양식을 먹으라 하노라.

평강의 주께서 친히 때마다 일마다 너희에게 평강을 주시기를 원하노라. 주는 너희 모든 사람과 함께 하실지어다.

〈데살로니가후서 1 : 1～3 : 18〉

부작불식(不作不食)
일하지 않는 자는
먹지 말라.
백장청규의 말씀이다.
동서가 어찌 이리도 똑같을 수 있는가.

은혜 속에 기쁨이 있고
평강 속에 사랑이 있다.

거짓에 속지 아니하면
언제나 진실한 삶을 할 수 있으니

단지 게으르지 말라.
게으름 속에 가난이 있다.

디모데전서

루스드라 출신 디모데는
아버지는 헬라인이고 어머니는 유대인이었다.
바울의 멘토로 꿈과 비전을 이루었는데
긍정적 태도에 마음이 항상 열려 있었기 때문이다.

디모데전서에서는
이단의 거짓된 교리를 배격하고
디모데의 목회 사역을 일러주고
성도들의 윤리적 훈련을 강조하였다.

Ⅰ. 직분자에 대한 교훈

내(바울)가 마게도냐로 갈 때에 너(디모데)를 권하여 에베소에 머물라 한 것은 사람들을 명하여 다른 교훈을 가르치지 말며 신화와 끝없는 족보에 착념치 말게 하려 함이었다.

사람들이 헛된 말에 빠져 율법의 선생이 되려 하나 자기의 말하는 것이나 자기의 확증하는 것도 깨닫지 못하는도다. 법은 옳은 사람을 위하여 세운 것이 아니요 오직 불법한 자와 복종치 아니하는 자며 경건치 아니한 자와 죄인이며 거룩하지 아니한 자와 망령된 자를 위하여 세운 것이다.

이 교훈은 내게 맡기신바 복되신 하나님의 영광의 복음을 좇음이니라. 나를 능하게 하신 그리스도 예수 우리 주께 내가 감사함은 나를 충성되게 여겨 내게 직분을 맡기심이니 우리 주의 은혜가 그리스도 예수 안에 있는 믿음과 사랑과 함께 넘치도록 풍성하였도다.

그러므로 내가 권하노니 모든 사람을 위하여 간구와 기도와 도고와 감사를 하되 임금들과 높은 지위에 있는 모든 사람을 위하여 하라. 감독은 책망할 것이 없으며 한 아내의 남편이 되며 절제하며 근신하며 아담하며 나그네를 대접하며 가르치기를 잘하며 술을 즐기지 아니하며 구타하지 아니하며 오직 관용하며 다투지 아니하며 돈을 사랑치 아니하며 자기 집을 잘 다스려 자녀들을 단정함으로 복종케 하는 자라야 한다. 집사들도 단정하고 일구이언을 하지 아니하고 술에 인박히지 아니하고 더러운 이를 탐하지 아니하고 깨끗한 양심에 믿음의 비밀을 가진 자라야 한다.

네가 형제를 깨우치면 그리스도 예수의 선한 일꾼이 되어 믿음의 말씀과 네가 좇은 선한 교훈으로 양육을 받으리라. 망령되고 허탄한 신화를 버리고 오직 경건에 이르기를 연습하라. 육체의 연습은 약간의 유익이 있으나 경건은 범사에 유익하니 금생과 내생에 약속이 있느니라.

〈디모데전서 1 : 1～4 : 16〉

교회감독(敎會監督)
교회감독은 교훈에 충실하며
거짓이 없어야 하고
하늘의 자비에 항상 감사할 줄 아는 자다.

공식예배에 대한 절차를 잘 알고
가정적 사회적 모범자로
모든 사람들을 감독할 수 있는 능력을 갖춘 자다.

보조자와 마찬가지니
사람의 마음을 미혹케 하는
영과 귀신의 가르침을 내쫓고
의식하지 않아야 된다 하였다.

2. 성도를 대하는 태도

늙은이를 꾸짖지 말고 아비에게 하듯 하며 젊은이를 형제에게 하듯 하고 늙은 여자를 어미에게 하듯 하며 젊은 여자를 깨끗함으로 자매에게 하듯 하라. 참 과부인 과부를 존대하라. 젊은 과부는 거절하라. 누구든지 자기 친족을 돌아보지 아니하면 믿음을 배반한 자요 불신자보다 더 악한 자니라.

누구든지 다른 교훈을 하며 바른 말 곧 우리 주 예수 그리스도의 말씀과 경건에 관한 교훈에 착념치 아니하면 저는 교만하여 아무 것도 알지 못하고 변론과 언쟁을 좋아하는 자니 이

로써 투기와 분쟁과 훼방과 악한 생각이 나며 마음이 부패하여
지고 진리를 잃어버리느니라.

　지족하는 마음이 있으면 경건이 큰 이익이 되느니라. 우리가
세상에 아무것도 가지고 온 것이 없으매 또한 아무 것도 가지
고 가지 못하리니 우리가 먹을 것과 입을 것이 있은즉 족한 줄
로 알 것이니라.

　돈을 사랑함이 일만 악의 뿌리가 되나니 이것을 사모하는
자들이 미혹을 받아 믿음에서 떠나 많은 근심으로써 자기를 찌
르게 된다.

　너 하나님의 사람아, 의와 경건과 믿음과 사랑과 인내와 온
유를 좇으며 믿음의 선한 싸움을 싸우라.

〈디모데전서 5 : 1~6 : 21〉

청해무염(靑海無染)
푸른 바다를 오염시킬 수 없다.
만 강이 모두 하나 속에 용해되어
물들지 않나니
이것이 진리의 바다이다.

치리장로와 설교장로는
바로 이런 자들을 교정할 자료를 개발하고
남·여, 상·하의 화합을 위해 항상 준비하는 자들이니
그들은 지원해서 그 일이 끝나게 하지 말라 하였다.

디모데후서

이드로와 모세, 모세와 여호수아,
요나단과 다윗, 엘리야와 엘리사처럼
바나바와 바울은 멘토와 멘티가 되었는데
바울과 디모데 디도도 마찬가지다.

이 글은 바울의 마지막 옥중 서신으로서
다가올 박해와 어려움에 대처하여
복음과 신앙을 고백하고
자신에 충실하라고 씌어져 있다.

1. 예수 그리스도의 좋은 군사

그리스도 예수의 사도 된 바울은 사랑하는 아들 디모데에게 편지하노니 내가 너 보기를 원함은 내 기쁨이 가득하게 하려 함이니 이는 네 속에 거짓이 없는 믿음을 생각함이라. 이 믿음은 먼저 네 외조모 로이스와 네 어머니 유니게 속에 있더니 네 속에도 있는 줄을 확신하노라.

하나님이 우리에게 주신 것은 두려워하는 마음이 아니요 오직 능력과 사랑과 근신하는 마음이니 하나님의 능력을 좇아 복음과 함께 고난을 받으라.

너는 그리스도 예수 안에 있는 믿음과 사랑으로써 내게 들은바 바른 말을 본받아 지키고 우리 안에 거하시는 성령으로 말미암아 네게 부탁한 아름다운 것을 지키라.

내 아들아 그러므로 네가 그리스도 예수 안에 있는 은혜 속에서 강하고 또 네가 많은 증인 앞에서 내게 들은 바를 충성된 사람들에게 부탁하라. 저희가 또 다른 사람들을 가르칠 수 있으리라. 네가 그리스도 예수의 좋은 군사로 나와 함께 고난을 받을지니 군사로 다니는 자는 자기 생활에 얽매이는 자가 하나도 없나니 이는 군사로 모집한 자를 기쁘게 하려 함이라.

자기를 깨끗하게 하면 귀히 쓰는 그릇이 되어 거룩하고 주인의 쓰심에 합당하며 모든 선한 일에 예비함이 되리라.

〈디모데후서 1 : 1~2 : 26〉

조손혈맥(祖孫血脈)
조손은 혈맥으로 계승되나니
외할머니 어머니
배속에서 믿어온 네 신앙이
변할 수 있겠느냐 묻고
그리스도의 충성된 군사가 되라 하였다.

2. 마지막 날의 기쁨을 위하여

말세에 고통하는 때가 이르리니, 사람들은 자기를 사랑하며 돈을 사랑하며 자긍하며 교만하며 훼방하며 부모를 거역하며 감사치 아니하며 거룩하지 아니하며 무정하며 원통함을 풀지 아니하며 참소하며 절제하지 못하며 사나우며 선한 것을 좋아 아니하며 배반하여 팔며 조급하며 자고하며 쾌락을 사랑하기를 하나님 사랑하는 것보다 더하며 경건의 모양은 있으나 경건의 능력은 부인하는 자니 이 같은 자들에게서 네가 돌아서라.

나의 교훈과 행실과 의향과 믿음과 오래 참음과 사랑과 인내와 핍박과 고난을 네가 과연 보고 알았거니와 주께서 이 모든 것 가운데서 나를 건지셨느니라.

그리스도 예수 안에서 경건하게 살고자 하는 자는 핍박을 받으리라. 악한 사람들과 속이는 자들은 더욱 악하여져서 속이기도 하고 속기도 하나니 너는 배우고 확신한 일에 거하라.

모든 성경은 하나님의 감동으로 된 것으로 교훈과 책망과 바르게 함과 의로 교육하기에 유익하니 이는 하나님의 사람으로 온전케 하며 선한 일을 행하기에 온전케 하려 함이니라.

너는 말씀을 전파하라. 때를 얻든지 못 얻든지 항상 힘쓰라. 범사에 오래 참음과 가르침으로 경책하며 경계하며 권하라.

관제와 같이 벌써 내가 부음이 되고 나의 떠날 기약이 가까웠도다. 내가 선한 싸움을 싸우고 나의 달려갈 길을 마치고 믿음을 지켰으니 이제 후로는 나를 위하여 의의 면류관이 예비되었으므로 주 곧 의로우신 재판장이 주의 나타나심을 사모하는 모든 자에게니라.

〈디모데후서 3 : 1～4 : 22〉

단련강철(鍛鍊鋼鐵)
쇠는 두들길수록 강해지고
사람은 고난을 겪을수록 인내를 얻는다.

모든 사람이 세상의 욕락을 따라
변해갈지라도
진리의 사도는 절대로 변치 않는다.

내일의 영광을 위하여
오늘의 이욕을 탐하지 않기 때문이다.

디도서

디도는 바울에 의해 복음을 듣고
그리스도인이 된 헬라 사람이다.

바울의 전도 여행 중
편지를 들고 고린도로 갔고

드로아에서 만나기로 했다가 만나지 못하고
마게도냐에서 만나
고린도 교회의 생활을 보고하였다.

예루살렘 교회를 위해
고린도에 가서 모금운동을 하였고

거기 장로들을 내세워 교회를 돌보게 하고
그레데섬으로 가서 전도하였다.

이 책은 바울이 1차 투옥 되었다가 나와서
마게도냐에서 바울의 동역자 디도에게 쓴 것이다.

1. 악명 높은 그레데 사람들

내(바울)가 너(디도)를 그레데에 떨어뜨려 둔 이유는 부족한 일을 바로잡고 나의 명한 대로 각 성에 장로들을 세우게 하려 함이다. 이는 능히 바른 교훈으로 권면하고 거스려 말하는 자들을 책망하게 하려 함이라.

그레데인들은 항상 거짓말장이며 악한 짐승이며 배만 위하는 게으름장이라 하니 이 증거가 참되도다. 그러므로 네가 저희를 엄히 꾸짖으라.

모든 사람에게 구원을 주시는 하나님의 은혜가 나타나 우리를 양육하시되 경건치 않은 것과 이 세상 정욕을 다 버리고 근신함과 의로움과 경건함으로 이 세상에 살고 복스러운 소망과 우리의 크신 하나님 구주 예수 그리스도의 영광이 나타나심을 기다리게 하셨으니 그가 우리를 대신하여 자신을 주심은 모든 불법에서 우리를 구속하시고 우리를 깨끗하게 하사 선한 일에 열심하는 친 백성이 되게 하려 하심이니라.

너는 저희로 하여금 정사와 권세 잡은 자들에게 복종하며 순종하며 모든 선한 일 행하기를 예비하게 하며 아무도 훼방하지 말며 다투지 말며 관용하며 범사에 온유함을 모든 사람에게 나타낼 것을 기억하게 하라.

성령을 우리 구주 예수 그리스도로 말미암아 우리에게 풍성히 부어 주사 우리로 저의 은혜를 힘입어 의롭다 하심을 얻어 영생의 소망을 따라 후사가 되게 하려 하심이라.

〈디도서 1 : 1～3 : 15〉

전식성지(轉識成智)
어리석은 지식을 굴려
지혜를 이루게 하라.

어리석은 마음에 배우지 아니하면
교만심만 생기고

미련한 생각에 닦지 아니하면
아만심만 커진다.

주린 호랑이도 소리는 크고
재주 부리는 원숭이도 넘어질 때가 있다.

빌레몬서

빌레몬은 골로새의 유력한 부자로
주인의 물건을 훔쳐 달아난 오네시모의 주인이다.

바울이 로마 감옥에 있으면서
빌레몬에게서 도둑질한 오네시모를 교화,
하나님의 일꾼으로 키워줄 것을 부탁하고
세상에서 사랑받는 사람이
될 수 있도록 해달라고 부탁한 글이다.

그러므로 이 글은 바울 자신의 개인문제를 가지고
주인과 종 관계를 교묘하게 설명하여
세상의 얽힌 문제를 풀어주고 있다.

1. 성도들의 평안을 위하여

내(바울)가 항상 내 하나님께 감사하고 기도할 때에 너(빌레
몬)를 말함은 주 예수와 및 모든 성도에 대한 네 사랑과 믿음
이 있음을 들음이니 네 믿음의 교제가 우리 가운데 있는 선을

알게 하고 그리스도께 미치도록 역사하느니라.

　형제여 성도들의 마음이 너로 말미암아 평안함을 얻었으니 내가 너의 사랑으로 많은 기쁨과 위로를 얻었노라.

　이러므로 내가 그리스도 안에서 많은 담력을 가지고 네게 마땅한 일로 명할 수 있으나 사랑을 인하여 도리어 간구하노니 나 바울은 예수 그리스도를 위하여 갇힌 자 되어 갇힌 중에서 낳은 아들 오네시모를 위하여 네게 간구하노라.

　오 형제여! 나로 주 안에서 너를 인하여 기쁨을 얻게 하고 내 마음이 그리스도 안에서 평안하게 하라.

〈빌레몬서 1 : 1～25〉

죄인구속(罪人救續)
죄인이 죄인을 구하다.
세속적인 죄인을
출세속적인 죄인으로 구하니

이에 감동한 빌레몬이
죄인을 용서하고
죄인을 복자로 만들었다.

전도자는 때와 장소가 없나니
특히 버림받은 자가 버림받은 곳에서
버림받은 사람들을 구하는 것은
진실로 의로운 일이다.

히브리서

저자를 확실히 알 수 없는
히브리서는
유대인 그리스도를 향해
바른 믿음을 제시한 편지이다.

말하자면
공적인 예배도 참여하지 않고
기도도 소홀히 하고 참된 교육을 떠나
복음마저 희미해져 가는 배교자들에게
경종을 울리는 서신이다.

I. 위대한 대제사장

하나님이 마지막에 아들로 우리에게 말씀하셨으니 이 아들
을 만유의 후사로 세우시고 또 저로 말미암아 모든 세계를 지

으셨느니라. 이는 하나님의 영광의 광채시요 그 본체의 형상이
시라. 그의 능력의 말씀으로 만물을 붙드시며 죄를 정결케 하
는 일을 하시고 높은 곳에 계신 위엄의 우편에 앉으셨느니라.

모세는 장래에 말할 것을 증거하기 위하여 하나님의 온 집
에서 사환으로 충성하였고 그리스도는 그의 집 맡은 아들로 충
성하였으니 우리가 소망의 담대함과 자랑을 끝까지 견고히 잡
으면 그의 집이라.

하나님의 말씀은 살았고 운동력이 있어 좌우에 날선 어떤
검보다도 예리하여 혼과 영과 및 관절과 골수를 찔러 쪼개기까
지 하며 또 마음의 생각과 뜻을 감찰하나니 지으신 것이 하나
라도 그 앞에 나타나지 않음이 없고 오직 만물이 우리를 상관
하시는 자의 눈앞에 벌거벗은 것 같이 드러나느니라.

그러므로 우리에게 큰 대제사장이 있으니 승천하신 자 곧
하나님 아들 예수시라. 우리에게 있는 대제사장은 우리 연약함
을 체휼하지 아니하는 자가 아니요 모든 일에 우리와 한결 같
이 시험을 받은 자로되 죄는 없으시니라.

그가 아들이시라도 받으신 고난으로 순종함을 배워서 온전
하게 되었은즉 자기를 순종하는 모든 자에게 영원한 구원의 근
원이 되시고 하나님께 멜기세덱의 반차를 좇은 대제사장이라
칭하심을 받았느니라.

멜기세덱은 살렘 왕이요 지극히 높으신 하나님의 제사장이
라. 아브라함을 만나 복을 빈 자였고, 아브라함은 십일조를 그
에게 주었다. 멜기세덱은 아비도 없고 어미도 없고 족보도 없
고 시작한 날도 없고 생명의 끝도 없어 하나님 아들과 방불하
여 항상 제사장으로 있느니라.

대제사장들은 먼저 자기 죄를 위하고 다음에 백성의 죄를

위하여 날마다 제사 드리지만 그리스도께서는 이렇게 할 필요
가 없으니 이는 저가 단번에 자기를 드려 이루셨음이니라.

<히브리서 1 : 1~8 : 13>

구관과 신관(舊官新官)
신관이 구관보다 낫다.
첫째는 신약이 구약을 초월하고 있고

둘째는 그리스도는 창조자이므로
피조물인 천사들보다 뛰어나고

셋째는 그리스도는 창조자이므로
그 종인 모세보다 뛰어나다.

하물며 구약의 대제사장들인
아론과 같겠는가.

2. 믿음의 선진들

첫 언약에도 섬기는 예법과 세상에 속한 성소가 있지만, 그
리스도께서 장래 좋은 일의 대제사장으로 오사 손으로 짓지 아
니한 더 크고 온전한 장막으로 말미암아 짐승의 피로 아니하고
오직 자기 피로 영원한 속죄를 이루사 단번에 성소에 들어 가

셨느니라. 이를 인하여 그는 새 언약의 중보니 이는 첫 언약 때에 범한 죄를 속하려고 죽으사 부르심을 입은 자로 하여금 영원한 기업의 약속을 얻게 하려 하심이니라. 우리가 예수의 피를 힘입어 성소에 들어갈 담력을 얻었나니 그 길은 우리를 위하여 휘장 가운데로 열어 놓으신 새롭고 산 길이요 휘장은 곧 저의 육체니라.

너희에게 인내가 필요함은 너희가 하나님의 뜻을 행한 후에 약속을 받기 위함이라. 잠시 잠깐 후면 오실 이가 오시리니 지체하지 아니하시리라. 오직 나의 '의인은 믿음으로 말미암아 살리라.' 하셨느니라. 믿음은 바라는 것들의 실상이요 보지 못하는 것들의 증거니 선진들(아벨, 에녹, 노아, 아브라함, 사라, 이삭, 야곱, 요셉, 모세의 부모, 모세, 사사들, 기생 라합, 다윗, 사무엘 등)이 이로써 증거를 얻었느니라.

믿음의 주요 또 온전케 하시는 이인 예수를 바라보자. 저는 그 앞에 있는 즐거움을 위하여 십자가를 참으사 부끄러움을 개의치 아니하시더니 하나님 보좌 우편에 앉으셨느니라.

주께서 그 사랑하시는 자를 징계하시고 그의 받으시는 아들마다 채찍질하심이니라 하였으니 너희가 참음은 징계를 받기 위함이라.

모든 사람으로 더불어 화평함과 거룩함을 좇고, 돌아보아 하나님 은혜에 이르지 못하는 자가 있는가 두려워하고, 더러움을 입을까 두려워하고, 음행하는 자와 망령된 자가 있을까 두려워하라. 너희는 삼가 말하신 자를 거역하지 말라. 형제 사랑하기를 계속하고 손님 대접하기를 잊지 말라. 갇힌 자를 생각하고 학대 받는 자를 생각하라. 혼인을 귀히 여기고 침소를 더럽히지 않게 하라. 돈을 사랑치 말고 있는 바를 족한 줄로 알라.

이러므로 우리가 예수로 말미암아 항상 찬미의 제사를 하나님께 드리자. 오직 선을 행함과 서로 나눠주기를 잊지 말라. 너희를 인도하는 자들에게 순종하고 복종하라.

〈히브리서 9 : 1〜13 : 25〉

십자가제단(十字架祭壇)
하늘의 제단은
십자가 보다 더 큰 것이 없다.

십자가를 짊어지고
십자가의 행을 하다가

십자가 벗어버리고
십자가상에 올라가면

이것이 하늘에 대한 제사이고
땅을 감동시키는 제사이다.

야고보서

예수의 친동생 야고보가
예루살렘 교회의 지도자로 있으면서
바울의 가르침을 기록하고
신행이 불실한 사람들(열두 지파)에게
공동체의 질서와 형제들간의 사랑을 강조한 편지다.

무엇보다도 가난한 이웃을 돕고
시련 속에 믿음을 확고히 하고
사람 차별하지 말고
온유와 겸손, 화평으로
하늘의 지혜를 실천하라 하였다.

1. 시련 속에 믿음을 키워가라

내 형제들아, 너희가 여러 가지 시험을 만나거든 온전히 기

쁘게 여기라. 인내를 온전히 이루라. 너희 중에 누구든지 지혜
가 부족하거든 모든 사람에게 후히 주시고 꾸짖지 아니하시는
하나님께 구하라. 오직 믿음으로 구하고 조금도 의심하지 말라.
　시험을 참는 자는 복이 있도다.. 이것에 옳다 인정하심을 받
은 후에 주께서 자기를 사랑하는 자들에게 약속하신 생명의 면
류관을 얻을 것임이니라.
　너희가 알거니와 사람마다 듣기는 속히 하고 말하기는 더디
하며 성내기도 더디 하라. 너희는 도를 행하는 자가 되고 듣기
만 하여 자신을 속이는 자가 되지 말라.

　내 형제들아, 영광의 주 곧 우리 주 예수 그리스도를 믿는
믿음을 너희가 받았으니 사람을 외모로 취하지 말라.
　너희가 만일 '네 이웃 사랑하기를 네 몸과 같이 하라.' 하신
최고한 법을 지키면 잘하는 것이거니와 만일 너희가 외모로 사
람을 취하면 죄를 짓는 것이다.

　행함이 없는 믿음은 그 자체가 죽은 것이라.　믿음이 그의
행함과 함께 일하고 행함으로 믿음이 온전케 되었느니라. 영혼
없는 몸이 죽은 것 같이 행함이 없는 믿음은 죽은 것이니라.

〈야고보서 1 : 1～2 : 26〉

율법자유(律法自由)
율법은 자유다.
죄 없는 사람은
어디가도 걸림이 없기 때문이다.

옛 윤리나 신 윤리나
윤리는 똑같다.

사람으로만 본다면
유대 사람과 이스라엘 사람이 어찌 다르리오.

2. 말에 실수가 없게 하라

말에 실수가 없는 자면 곧 온전한 사람이라. 혀는 작은 지체로되 큰 것을 자랑하도다. 혀는 능히 길들일 사람이 없나니 쉬지 아니하는 악이요 죽이는 독이 가득한 것이라. 이것으로 우리가 주 아버지를 찬송하고 또 하나님의 형상대로 지음을 받은 사람을 저주하나니 한 입으로 찬송과 저주가 나는도다.

너희 중에 지혜와 총명이 있는 자가 누구뇨. 그는 선행으로 말미암아 지혜의 온유함으로 그 행함을 보일지니라.

오직 위로부터 난 지혜는, 성결하고 화평하고 관용하고 양순하며 긍휼과 선한 열매가 가득하고 편벽과 거짓이 없나니 화평케 하는 자들은 화평으로 심어 의의 열매를 거두느니라.

누구든지 세상과 벗이 되고자 하는 자는 스스로 하나님과 원수되게 하는 것이니라.

형제들아 피차에 비방하지 말라. 형제를 비방하는 자나 형제를 판단하는 자는 율법을 비방하고 판단하는 것이니라.

부한 자들아, 너희에게 임할 고생을 인하여 울고 통곡하라.

너희 재물은 썩었고 너희 옷은 좀먹었으며 너희 금과 은은 녹이 슬었으니 이 녹이 너희에게 증거가 되며 불같이 너희 살을 먹으리라. 너희가 말세에 재물을 쌓았도다.

너희 중에 고난당하는 자는 기도할 것이요, 즐거워하는 자는 찬송할지니라. 믿음의 기도는 병든 자를 구원하리니 주께서 저를 일으키시리라. 혹시 죄를 범하였을지라도 사하심을 얻으리라. 이러므로 너희 죄를 서로 고하며 병 낫기를 위하여 서로 기도하라. 의인의 간구는 역사하는 힘이 많으니라.

너희가 알 것은 죄인을 미혹한 길에서 돌아서게 하는 자가 그 영혼을 사망에서 구원하며 허다한 죄를 덮을 것이니라.

〈야고보서 3 : 1~5 : 20〉

일상선행(日常善行)
헛된 장담하지 말고
일상생활에서 선을 행하라.
가난한 사람을 구하는 사람이 복이 있나니
주의 강림이 그를 증명한 것이다.

주의 행을 가까이 하면
스스로 그 마음이 깨끗하게 될 것이다.
그 동안 삶이 죄투성이라
어찌 눈물이 쏟아지지 않고 애통하지 않겠느냐.

베드로전서

베드로는 요한의 아들 시몬이다.
하늘로부터 게바(반석)란 별명을 받았다.

네로(혹 도미티안·트리얀) 때의 박해 속에서
유랑하고 있는 형제들에게
성결한 생활로 형제를 사랑하고
하나님의 백성들을 영적으로 이끌라 하였다.

그리고 국가·가족·이웃에 대한 의무도 지키고
구원에 대한 확신을 가지고 살되
현세의 고난을 잘 이겨내라 부탁하였다.

1. 산 소망을 가지고 거룩한 사람이 되라

우리 주 예수 그리스도의 아버지 하나님이 그 많으신 긍휼대로 예수 그리스도의 죽은 자 가운데서 부활하심으로 말미암아 우리를 거듭나게 하사 산 소망이 있게 하시며 썩지 않고 더럽지 않고 쇠하지 아니하는 기업을 잇게 하시나니 곧 너희를 위하여 하늘에 간직하신 것이라.

너희가 말세에 나타내기로 예비하신 구원을 얻기 위하여 믿음으로 말미암아 하나님의 능력으로 보호하심을 입었나니 그러므로 너희가 이제 여러 시험을 인하여 잠깐 근심하게 되지 않을 수 없었으나 오히려 크게 기뻐하도다.

너희가 순종하는 자식처럼 이전 알지 못할 때에 좇던 너희 사욕을 본 삼지 말고 오직 너희를 부르신 거룩한 자처럼 너희도 모든 행실에 거룩한 자가 되라. 너희 조상의 유전한 망령된 행실에서 구속된 것은 은이나 금 같이 없어질 것으로 한 것이 아니요, 오직 흠 없고 점 없는 어린양 같은 그리스도의 보배로운 피로 한 것이니라.

사람에게는 버린 바가 되었으나 하나님께는 택하심을 입은 보배로운 산 돌이신 예수에게 나아와 너희도 산 돌 같이 신령한 집으로 세워지고 예수 그리스도로 말미암아 하나님이 기쁘게 받으실 신령한 제사를 드릴 거룩한 제사장이 될지니라.

오직 너희는 택하신 족속이요 왕 같은 제사장들이요 거룩한 나라요 그의 소유된 백성이니 이는 너희를 어두운데서 불러내어 그의 기이한 빛에 들어가게 하신 자의 아름다운 덕을 선전하게 하려 하심이라.

〈베드로전서 1 : 1〜2 : 25〉

불후청석(不汚靑石)
썩지 않는 푸른 돌

사람들은 대수롭지 않게 생각하나
건축하는 사람에는 받침돌이 되나니
신령한 집의 주춧돌이 되라.

하늘의 궁전에서 선택된 백성들이
왕 같은 제사장들과 함께 모이면
꺼진 불이 다시 살아나 다시는 꺼지지 않으리라.

2. 하늘의 양떼를 돌보라

아내 된 자들아, 자기 남편에게 순복하라. 남편 된 자들아, 지식을 따라 너희 아내와 동거하고 저는 더 연약한 그릇이요 생명의 은혜를 유업으로 함께 받을 자로 알아 귀히 여기라.

너희가 열심으로 선을 행하면 누가 너희를 해하리요. 의를 위하여 고난을 받으면 복 있는 자니 너희 마음에 그리스도를 주로 삼아 거룩하게 하고 너희 속에 있는 소망에 관한 이유를 묻는 자에게는 대답할 것을 항상 예비하되 온유와 두려움으로 하고 선한 양심을 가지라.

그리스도께서 이미 육체의 고난을 받으셨으니 너희도 같은 마음으로 갑옷을 삼으라. 만물의 마지막이 가까웠으니 너희는 정신을 차리고 근신하여 기도하라. 열심으로 서로 사랑할지니 사랑은 허다한 죄를 덮느니라. 사랑하는 자들아, 너희를 시련하려고 오는 불시험을 너희가 그리스도의 고난에 참예하는 것으

로 즐거워하라. 이는 그의 영광을 나타내실 때에 너희로 즐거
워하고 기뻐하게 하려 함이라.

　각각 은사를 받은 대로 하나님의 각양 은혜를 맡은 선한 청
지기 같이 서로 봉사하라

　너희 중에 있는 하나님의 양 무리를 치되 부득이함으로 하
지 말고 오직 하나님의 뜻을 좇아 자원함으로 하며 더러운 이
를 위하여 하지 말고 오직 즐거운 뜻으로 하며 맡기운 자들에
게 주장하는 자세를 하지 말고 오직 양 무리의 본이 되라. 그
리하면 목자장이 나타나실 때에 시들지 아니하는 영광의 면류
관을 얻으리라.

〈베드로전서 3 : 1~5 : 14〉

목자성행(牧者聖行)
목자의 성스러운 행은
이리로부터 양을 보호하는 것이요

때에 맞추어 먹이와 물을 주어
배고프지 않고 목마르지 않게 하는 것이다.

손에는 회초리를 들었어도
유화·자비·사랑의 매를 쳐야

도망치지 않고 숨지 않아
이리의 먹이가 되지 아니할 것이다.

베드로후서

위기에 처한 성도들을 위로하고
외부의 박해와 내부의 향락,
그리고 예수의 재림을 부인하는 사람들을
경계하기 위하여 쓴 편지다.

소명에 선택된 기독교인들은
거짓의 본과 행위 위험을
분석할 줄 알아야 하고
예수 재림에 대한 예언과 약속도
기대 속에 어기지 않도록 해야 한다 말했다.

1. 하나님의 날

너희로 정욕을 인하여 세상에서 썩어질 것을 피하여 신의 성품에 참예하는 자가 되게 하려 하셨으니 너희가 더욱 힘써 너희 믿음에 덕을, 덕에 지식을, 지식에 절제를, 절제에 인내를, 인내에 경건을, 경건에 형제 우애를, 형제 우애에 사랑을 공급하라. 형제들아 더욱 힘써 너희 부르심과 택하심을 굳게 하라.

성경의 모든 예언은 사사로이 풀 것이 아니니, 예언은 언제든지 사람의 뜻으로 낸 것이 아니요 오직 성령의 감동하심을 입은 사람들이 하나님께 받아 말한 것임이니라.

거짓 선지자들과 거짓 선생들이 있으니 저희는 멸망케 할 이단을 가만히 끌어들여 자기들을 사신 주를 부인하고 임박한 멸망을 스스로 취하는 자들이라.

사랑하는 자들아, 주께는 하루가 천년 같고 천년이 하루 같으니 주의 약속은 더딘 것이 아니라 오직 너희를 대하여 오래 참으사 아무도 멸망치 않고 다 회개하기에 이르기를 원하시느니라. 그러나 주의 날이 도적같이 오리로다. 하나님의 날이 임하기를 바라보고 간절히 사모하라. 그 날에 하늘이 불에 타서 풀어지고 체질이 뜨거운 불에 녹아지려니와 우리는 그의 약속대로 새 하늘과 새 땅을 바라보도다. 그러므로 너희가 이것을 바라보나니 주 앞에서 점도 없고 흠도 없이 평강 가운데서 나타나기를 힘쓰라.

〈베드로후서 1 : 1~3 : 18〉

불기도적(不期盜賊)
도적은 언제 오든
기약이 없다.

하나님은 종처럼 와서
주인 섬기기를 왕같이 한다.

위선자들은 그것을 보고 알지 못하나니
눈에는 빛이 없고 귀는 절벽이 되어 있기 때문이다.

슈한1서

사도 요한이 소아시아 지방에서
에베소 사람들이 이단들에게 꾀어 넘어가는 것을 보고
우리의 사귐은 하늘이 우리에게 영생주신 것과
그의 아들이 그 생명을 계승한 것을 믿고
계율을 잘 지키고 형제를 사랑하라 하였다.

그노시스는 이를 배격하나
오히려 영지주의자들은
교회의 온전한 교리로
더욱 효과적으로 변호하고 있다 말했다.

왜냐하면 하나님의 진리는
시간과 공간을 초월해 있기 때문이다.

I. 생명의 말씀

태초부터 있는 생명의 말씀에 관하여는 우리가 들은 바요 눈으로 본 바요 주목하고 우리 손으로 만진 바라. 이 영원한 생명은 아버지와 함께 계시다가 우리에게 나타내셨다.

우리가 저에게서 듣는바 하나님은 빛이시라 그에게는 어두움이 조금도 없으시니라. 저가 빛 가운데 계신 것 같이 우리도 빛 가운데 행하면 우리가 서로 사귐이 있고 그 아들 예수의 피가 우리를 모든 죄에서 깨끗하게 하실 것이다.

만일 누가 죄를 범하면 아버지 앞에서 우리에게 대언자가 있으니 곧 의로우신 예수 그리스도이시다. 그 분은 우리 죄를 위한 화목 제물이니 우리만 위할 뿐 아니요 온 세상의 죄를 위하심이라.

옛 계명은 너희의 들은 바 말씀이거니와 다시 내가 너희에게 새 계명을 쓰노니, 이는 어두움이 지나가고 참빛이 벌써 비췸이니라.

이 세상이나 세상에 있는 것들을 사랑치 말라. 누구든지 세상을 사랑하면 아버지의 사랑이 그 속에 있지 아니하니 이는 세상에 있는 모든 것이 육신의 정욕과 안목의 정욕과 이생의 자랑이니 다 아버지께로 좇아 온 것이 아니요 세상으로 좇아 온 것이라. 이 세상도, 그 정욕도 지나가되 오직 하나님의 뜻을 행하는 이는 영원히 거하느니라.

지금 많은 적그리스도가 일어났으니 우리가 마지막 때인 줄 아노라. 예수께서 그리스도이심을 부인하는 자는 적그리스도니 아들을 부인하는 자에게는 또한 아버지가 없느니라.

　우리가 형제를 사랑함으로 사망에서 옮겨 생명으로 들어간 줄을 알거니와 사랑치 아니하는 자는 사망에 거하느니라. 우리가 말과 혀로만 사랑하지 말고 오직 행함과 진실함으로 하자.
　사랑하는 자들아, 우리가 서로 사랑하자. 사랑은 하나님께 속한 것이니 사랑하는 자마다 하나님께로 나서 하나님을 알 수 있나니 하나님은 사랑이심이라.
　하나님께로서 난 자마다 세상을 이기느니라. 세상을 이긴 이김은 이것이니 우리의 믿음이니라.

〈요한1서 1 : 1～5 : 21〉

생명은 빛(生命光明)
생명은 빛이다.
죽은 자는 빛이 없다.

악마는 정욕을 탐하고
빛을 싫어한다.

말과 혀로만 사랑하지 말고
행과 진실로 사랑하라.

요한2서

형제들끼리 사랑하되
생육신을 부인하는 이단자들에게
속지 않도록 하라.

그들은 영육 양단간에
극단주의의 2원론을 주장,
금욕과 방탕을 함께 전파하고 있다.

특히 그의 대상은
이성을 분간할 줄 모르는
여성들과 아이들이 될 수 있으니 조심하라 하였다.

1. 진리와 사랑

은혜와 긍휼과 평강이 하나님 아버지와 예수 그리스도께로부터 진리와 사랑 가운데서 우리와 함께 있으리라.

　내가 이제 네게 구하노니 서로 사랑하자. 사랑은 이것이니 우리가 그 계명을 좇아 행하는 것이요, 계명은 이것이니 그 가운데서 행하라 하심이라.

　미혹하는 자가 많이 세상에 나왔나니 이는 예수 그리스도께서 육체로 임하심을 부인하는 자라. 이것이 미혹하는 자요 적그리스도니 너희는 너희를 삼가 우리의 일한 것을 잃지 말고 오직 온전한 상을 얻으라.

　그리스도 교훈 안에 거하지 아니하는 자마다 하나님을 모시지 못하되 교훈 안에 거하는 이 사람이 아버지와 아들을 모시느니라.

〈요한2서 1 : 1∼13〉

조서인생(鳥鼠人生)
새도 같고 쥐도 같고
구분할 수 없는 인생
이것이 박쥐다.

겉으로는 선지자이면서
안으로는 외도의 소견을 가진 자,
지극히 조심하고 경계해야 할 인물이다.

요한3서

요한의 전도를 받고 개종한 가이오는
요한의 가장 가까운 친구요 사랑이다.

그런데 그가 교회 일을 보면서
순례자들에게 환대했기 때문에
칭찬하는 편지를 보낸 것이다.

그런데 반대로 디오드레베를 책망하고
데메드리오를 칭찬한 것은
한 사람은 사도적 권위로 도전하고
한 사람은 심부름꾼으로써 신실했기 때문이다.

1. 사랑하는 친구여

사랑하는 자 가이오여, 네 영혼이 잘 됨같이 네가 범사에 잘

되고 강건하기를 내가 간구하노라.

형제들이 와서 네게 있는 진리를 증거하되 네가 진리 안에서 행한다 하니 내가 심히 기뻐하노라. 저희가 교회 앞에서 너의 사랑을 증거하였느니라.

우리가 이 같은 자들을 영접하는 것이 마땅하니 이는 우리로 진리를 위하여 함께 수고하는 자가 되게 하려 함이니라.

저희 중에 으뜸되기를 좋아하는 디오드레베가 우리를 접대하지 아니하니 저가 악한 말로 우리를 망령되이 폄론하고도 유위부족하여 형제들을 접대치도 아니하고 접대하고자 하는 자를 금하여 교회에서 내어 쫓는도다.

사랑하는 자여 악한 것을 본받지 말고 선한 것을 본받으라. 선을 행하는 자는 하나님께 속하고 악을 행하는 자는 하나님을 뵈옵지 못하였느니라.

데메드리오는 뭇사람에게도, 진리에게도 증거를 받았으매 우리도 증거하노니 너는 우리의 증거가 참된 줄을 아느니라.

〈요한3서 1 : 1~15〉

탁마상성(琢磨相成)
옥은 쪼아야 그릇이 되고
사람은 배워야 도를 안다.

선을 가르쳐 주고 함께 닦을 수 있는 친구
악을 물리치고 함께 회개할 수 있는 친구
이런 친구가 있는 사람은 행복한 사람이다.

슈다서

예수의 동생 유다가 독자들에게
하나님의 사랑과 계속적인 돌봄에 감사드리고
신앙생활을 위협하는 자들에게 대한 투쟁과
역사 속 죄인에 대한 하나님의 심판을 회상하였다.

거짓 교사들의 영적 권위에 대항하여 반역하고
무지 무익함을 묘사, 재림 때 심판할 것을 묘사하였다.
그러니 믿음 안에서 우리를 지킬 것을 요구하고
재림할 때까지 유혹에서 벗어날 수 있도록 기원하였다.

I. 유혹에 빠지지 말라

사랑하는 자들아, 내가 구원을 들어 너희에게 편지하려는 뜻
이 간절하던 차에 성도에게 믿음의 도를 위하여 힘써 싸우라는
편지로 너희를 권하여야 할 필요를 느꼈다.
이는 가만히 들어온 사람 몇이 있음이라. 저희는 경건치 아

니하여 우리 하나님의 은혜를 도리어 색욕거리로 바꾸고 우리 주 예수 그리스도를 부인하는 자니라.

꿈꾸는 이 사람들은 육체를 더럽히며 권위를 업신여기며 영광을 훼방하는도다. 또 저희는 이성 없는 짐승 같이 본능으로 멸망하느니라.

저희는 기탄없이 너희와 함께 먹으니 너의 애찬의 암초요 자기 몸만 기르는 목자요 바람에 불려가는 물 없는 구름이요 뿌리까지 뽑힌 열매 없는 가을 나무요 자기의 수치의 거품을 뿜는 바다의 거친 물결이요 영원히 예비된 캄캄한 흑암에 돌아갈 유리하는 별들이라. 이 사람들은 원망하는 자며 불만을 토하는 자며 그 정욕대로 행하는 자라. 그 입으로 자랑하는 말을 내며 이를 위하여 아첨하느니라.

사랑하는 자들아 너희는 우리 주 예수 그리스도의 사도들의 미리 한 말을 기억하라. 마지막 때에 자기의 경건치 않은 정욕대로 행하며 기롱하는 자들이 있으리라 하였나니 이 사람들은 당을 짓는 자며 육에 속한 자며 성령은 없는 자니라.

사랑하는 자들아 너희는 너희의 지극히 거룩한 믿음 위에 자기를 건축하며 성령으로 기도하며 하나님의 사랑 안에서 자기를 지키며 영생에 이르도록 우리 주 예수 그리스도의 긍휼을 기다리라.

의심하는 자들을 긍휼히 여기라. 또 어떤 자를 불에서 끌어내어 구원하라. 또 어떤 자를 그 육체로 더럽힌 옷이라도 싫어하여 두려움으로 긍휼히 여기라.

〈유다서 1 : 1~25〉

흑암지옥(黑暗地獄)
죄지은 자는
흑암지옥에 들어가나니
빛 속에 있어도 언제나 어둡고
묶여 있지 않으나
스스로 풀려나지 못한다.

불쌍히 여기라.
이 불타는 죄인들을
가엾이 생각하라.
이 버림받은 인간들을!

슈한계시록

요한계시록은
신약성서에 나오는 유일한 묵시록이다.

그리스도의 초림으로부터
맨 마지막 재림에 이르기까지

과거·현재·미래를 향해
세계와 인간에 일어날 일을 예시하고 있다.

아는 자는 세상이 돌아가는 이치를 알아
장차 인간이 어떻게 될 것이라는 것을 알 것이다.

1. 구름 타고 오시는 이를 보라

볼지어다 구름을 타고 오시리라. 각인의 눈이 그를 보겠고 그를 찌른 자들도 볼터이요 땅에 있는 모든 족속이 그를 인하여 애곡하리니 그러하리라. 주 하나님이 가라사대 "나는 알파(처음)와 오메가(나중)라 이제도 있고 전에도 있었고 장차 올 자요 전능한 자라." 하시더라.

"너 보는 것을 책에 써서 에베소, 서머나, 버가모, 두아디라, 사데, 빌라델비아, 라오디게아 일곱 교회에 보내라." 하시기로 몸을 돌이킬 때에 일곱 금 촛대를 보았다. 촛대 사이에 인자 같은 이가 발에 끌리는 옷을 입고, 가슴에 금띠를 띠고, 그 머리와 털의 희기가 흰 양털 같고 눈 같으며, 그의 눈은 불꽃 같고, 그의 발은 풀무에 단련한 빛난 주석 같고, 그의 음성은 많은 물 소리와 같으며, 그 오른손에 일곱 별이 있고, 그 입에서 좌우에 날선 검이 나오고, 그 얼굴은 해가 힘있게 비취는 것 같더라.

너희는 처음 사랑을 버리지 말고 회개하여 처음 행위를 가지라. 볼지어다 내가 문밖에 서서 두드리노니 누구든지 내 음성을 듣고 문을 열면 내가 그에게로 들어가 그로 더불어 먹고 그는 나로 더불어 먹으리라.

〈요한계시록 1 : 1~3 : 22〉

상징문학(象徵文學)
계시는 묵시(黙示)로
상징문학이다.

흰색은 정결·무죄·승리
붉은색은 피·죽음·악·전쟁·사랑
청황색은 시체·죽음

검은색은 재앙과 땅의 기근

바람은 생명
지진은 재앙
구름은 영광

2. 하나님 보좌

요한은 하늘문으로 들어가 하나님 보좌를 둘러보았는데 24
보좌와 사자, 송아지, 사람, 독수리 같은 것이 있었고, 24장로들
이 하나님께 면류관을 드리며 찬송하였다.

장차 될 일을 보여주시는데 어린 양이 일곱 봉인을 차례로
떼신다. 흰 말, 붉은 말, 검은 말, 청황색 말이 나오고, 큰 지진
과, 해가 검어지고, 달이 피같이 되고, 별들이 떨어지고, 하늘이
말리고, 산과 섬이 요동친다. 일곱째 인이 떼어지자 일곱 나팔
을 가진 천사가 나타났다. 나팔을 불 때 피 섞인 우박과 불이
나 땅과 수목의 삼분의 일이 탔고, 큰 산이 바다에 던져져서
바다의 삼분의 일이 피가 되어 바다생물의 삼분의 일이 죽고
삼분의 일의 배가 파선되었고, 물들이 쓰게 되어 많은 사람이
죽고, 해 달 별의 삼분의 일이 어두워졌으며, 끝까지 회개 하지
않은 사람들을 괴롭히고 전쟁이 일어났다. 일곱 째 천사가 나
팔을 불려 할 때 하나님의 비밀이 그 종 선지자들에게 전하신
복음과 같이 이루어지리라 하였다.

일곱 째 천사가 나팔을 불자 24장로들이 하나님께 경배를 드렸다.

〈요한계시록 4 : 1~11 : 19〉

천지조화(天地造化)
사람이 동하면 짐승까지 동하나니
동물 곤충이 그냥 설치는 것이 아니다.

양은 예수님
용은 사탄
독수리는 심판자
짐승은 불신의 왕
개구리와 메뚜기는 재앙

3. 큰 이적과 14만4천명의 노래

하늘에 큰 이적이 보이니 해를 입은 한 여자가 아이를 잉태하자 용이 해산할 아들을 잡아 삼키려고 하였으나 뜻대로 되지 않자 다시 여자를 다시 잡아 삼키려고 물을 토해 홍수로 떠내려 보내려고 했다. 그러나 땅이 도와 토한 강물을 삼켰고, 용이 여자에게 분노하여 돌아가서 그 여자의 남은 자손 곧 하나님의 계명을 지키며 예수의 증거를 가진 자들로 더불어 싸우려고 바다 모래 위에 섰더라.

그리고 용이 짐승에게 권세를 주었으며, 짐승을 위하여 우상

을 만들고 그 우상에게 절을 시키는데 절을 하지 않으면 죽이
게 하였다. 이때는 666의 표를 받지 않으면 매매를 못하게 하
는데 이 표를 받으면 하나님의 진노의 포도주를 마시게 된다.
　한편 14만4천명의 천사들이 노래 부르는 가운데 세 천사가
전갈하여 마지막 추수를 거둔다. 즉, 구름 위의 인자와 같은 이
가 예리한 낫을 가지고 마지막 곡식을 수확하여 알곡을 모아
곳간 안에 거두어 놓고 또 다른 천사가 나와 예리한 낫을 가지
고 포도를 거두어 진노의 포도주 틀에 던져 밟는다.

〈요한계시록 12 : 1~15 : 8〉

숫자의미(數字意味)
숫자 속에 뜻이 들어 있으니
1은 하나님이고
2는 인간이며
3은 삼위일체이고
4는 동서남북이고
10은 완전수이다.

4. 새 하늘과 새 땅

　성전에서 큰 음성이 나서 진노의 일곱 대접을 땅에 쏟으라
하셨다. 첫째 대접을 땅에 쏟으니 악하고 독한 종기가 나고, 둘
째 대접을 바다에 쏟으니 피같이 되어 바다 생물이 죽고, 셋째

대접을 강과 물 근원에 쏟으니 피가 되었고, 넷째 대접을 해에게 쏟으니 해가 사람을 태웠고, 다섯째 대접을 짐승의 보좌에 쏟으니 흑암이 되고 사람들이 고통을 겪고, 여섯째 대접을 유브라데에 쏟으니 강이 마르고 개구리 같은 더러운 영이 나와 아마겟돈으로 왕들을 모았고, 일곱째 대접을 공중에 쏟으니 여태껏 없던 지진이 일어났다.

또 일곱 대접을 가진 천사 중 하나가 음녀가 받을 심판을 보여주었다. 음녀는 일곱 머리와 열 뿔의 짐승을 탔는데 그가 꾸미고 가진 것에 가증한 물건과 그의 음행의 더러운 것들이 가득하였고, 그 이마에 이름이 기록되었으니 비밀이라, 큰 바벨론이라, 땅의 음녀들과 가증한 것들의 어미라 하였다. 음녀는 성도들의 피와 예수의 증인들의 피에 취해 있었다.

천사는 여자와 그의 탄 짐승의 비밀을 알려주었다. 즉, 짐승은 장차 무저갱으로부터 올라와 멸망으로 들어갈 자이고, 그 일곱 머리는 일곱 왕이라, 열 뿔은 열 왕으로 권세를 일시 동안 받고 어린 양과 싸울 것이다. 어린 양은 만주의 주시요 만왕의 왕이시므로 저희를 이기실 것이다. 이 열 뿔과 짐승이 음녀를 미워하여 망하게 하고 불로 사를 것이다. 하나님이 자기 뜻대로 할 마음을 저희에게 주사 저희 나라를 그 짐승에게 주게 하시되 하나님 말씀이 응하기까지이다.

후에 다른 천사가 나타나 바벨론의 심판과 멸망을 말해주었고, 이 일 후에 아직까지 대적하는 세력을 예수님의 입의 검으로 죽이시고 음녀와 짐승을 산 채로 유황불못에 던지신다. 또 천사가 용을 잡아 무저갱에 던져 잠그고 천년 동안 인봉하고 성도는 예수님과 천년왕국을 누린다. 천년 후에 잠시 놓인 용을 잡아 유황불못에 던지시고, 하나님은 백보좌 심판에서 죽은 자를 음부에서 다 끌어 올려 심판하신다.

그리고 새 하늘과 새 땅, 새 예루살렘을 보여 주셨다. 그곳에는 하나님이 저희와 함께 거하시리니 저희는 하나님의 백성이 되고, 하나님은 모든 눈물을 씻기시매 사망, 애통, 아픈 것이 다시 있지 아니할 것이다. 성령으로 나를 데리고 크고 높은 산으로 올라가 거룩한 성 예루살렘을 보이니 하나님의 영광이 있으매 그 성의 빛이 지극히 귀한 보석 같고 벽옥과 수정 같이 맑았다. 그 성은 해나 달의 비침이 쓸데없으니 이는 하나님의 영광이 비취고 어린 양이 그 등이 되시기 때문이다. 또 수정 같이 맑은 생명수의 강이 있는데 하나님과 및 어린 양의 보좌로부터 나서 길 가운데로 흐르고, 강 좌우에 생명나무가 있어 열두 가지 실과가 달마다 맺히고 그 나무 잎사귀들은 만국을 소성하기 위하여 있었다.

다시 저주가 없으며 하나님과 그 어린 양의 보좌가 그 가운데 있으리니 그의 종들이 그를 섬기며 저희가 세세토록 왕노릇하리로다.

아멘 주 예수여 오시옵소서. 주 예수의 은혜가 모든 자들에게 있을지어다. 아멘

〈요한계시록 16 : 1~22 : 21〉

예약증상(豫約證狀)
이상의 모든 것들은
세상의 종말과
새 세상에 대한 예증이다.

선은 일어나고
악은 망하고
의는 서고
불의는 죽는다.

고요한 산속
조용한 성당에
말없이 앉아 있으니
산도 적적 물도 고요하여
본래 그 진리 그대로이네.

그런데
무엇 때문에 새 바람에 임야가 흔들리는가.
찬 기러기 하늘 끝을 날며
기욱하는 소리에 천지의 봄과 가을이 들어있다.

도마복음서

도마는 디두모로 토마스라 부르는
예수의 십이대 제자 중 한 사람이다.

베다니에서 나사로를 살릴 때
"우리도 주와 함께 죽으러 가자."고
용감히 앞장섰었던 분이다.

예수님이 죽음을 예언하시자
그는 제대로 알아듣지 못하고 물었다.
"주여 어디로 가시나이까?"
"나는 길이요 진리요 생명이다."

또 예수님이 돌아가신 뒤
"내가 손의 못 자국과 옆구리를 확인하기 전에는 믿을 수
없다."
하자 제8일에 나타난 예수께 확인하고,
그 후 디베랴(갈릴리) 바다에서 제자들에게 나타나신

예수를 다시 한번 보신 뒤
마지막 승천하시는 것을 보고 인도에 와서
절에서 살면서 전도하였다.

그런데 이 복음서는
기독교 신약성서 외경으로
디두모 도마가 쓴 것으로 이해하고 있으나
영지주의(靈知主義)의 문서로 알려져 읽지 않았다.

그러나 예수의 가르침만 담고 있는
「어록복음서」라 하는 데 큰 의미가 있다.

1945년 콥트어 본(고대 그리스어)이
나그 함마디에서 발견되었는데
1898년 이집트에서 발견된 문서와 동일한 것이었다.
내용은 예수께서 살아계실 때 하신 비밀한 말씀을
도마가 114가지 비유로 편집하였는데
누구든지 이 말씀을 밝힌 자는 죽지 않는다고 하였다.

영지주의란 지중해와 중동지역에
일찍이 흥행했던 주의사상이다.

4세기 문자가 나타나
기독교가 로마제국에서 국교화되자
이단으로 정리, 박해함으로써
많은 자료가 훼손되었는데

그 뒤 이슬람이 확산되면서
거의 고사경지에 이르렀던 것이
다행히 지금도 그 영향을 받은 단체가 남아있어
이 같은 자료를 발굴하게 된 것이다.

114가지 비유

1. 네 안에 왕국이 있다.

(1) "이 속담을 해석하는 사람을 죽지 않을 것이다."

(2) "찾는 사람은 발견할 때까지 계속하여 찾도록 하라. 찾던 것을 발견하면 그 사람은 번민할 것이다. 번민하게 되면 놀랄 것이며 모든 것을 다스릴 것이다."

(3) "너희들 인도하는 사람이 왕국이 하늘에 있다고 말한다면 하늘의 새들이 너희보다 앞서서 들어갈 것이다. 바다에 있다고 말하면 물고기가 먼저 갈 것이다. 차라리 왕국은 너희 안팎에 있다. 너희가 자기 자신을 알게 된다면 너희가 알려지고, 또한 너희는 자기가 바로 살아 있는 아버지의 아들임을 깨달을 것이다. 그러나 자기 자신을 알지 못하면 너희는 가난 속에 살고 너희가 바로 가난인 것이다."

(4) "나이든 사람은 태어난 지 7일 되는 아이에게 생명의

장소가 어디 있는지 주저하지 않고 물을 것이며, 그 사람은 살게 될 것이다. 왜냐하면 첫째였던 많은 사람이 마지막 번이 되고, 이 모두가 똑같이 될 것이기 때문이다.”

(5) “눈에 보이는 것을 잘 살펴보아라. 그러면 숨어 있는 것이 너희에게 드러날 것이다. 숨어 있는 것 가운데 드러나지 않을 것이 없기 때문이다.”

유심정토(唯心淨土)
마음밖에 따로 정토가 없다.
마음에 악 지은 사람은
지옥에 나타나고
마음에 선행하는 사람은
천국이 그 안에 나타난다.

2. 천국에는 안팎이 없다

(6) 예수의 제자들이 물었다.
“우리가 단식하기를 원합니까? 기도는 어떻게 하는 겁니까? 자선을 베풀어야 합니까? 음식에 관해서는 어떤 규정을 준수해야 합니까?”
“거짓말을 하지 마라. 너희가 미워하는 행동을 하지 마라. 왜냐하면 하늘나라에서는 모든 것이 보이기 때문이다. 숨어 있는 것 가운데 드러나지 않는 것이 없고, 덮여진 것은 모두 그 알맹이가 드러날 것이기 때문이다.”

(7) "사람에게 먹혀서 사람이 되는 사자는 축복을 받았다. 그러나 사자가 사람을 잡아먹고 그 사자가 사람이 되는 경우 그 사람은 저주를 받았다."

(8) "사람은 바다에 그물을 던지고 작은 생선으로 가득 찬 그물을 바다에서 끌어당긴 현명한 어부와 같다. 작은 생선들 가운데서 현명한 어부는 크고 좋은 생선을 찾아낸다. 작은 생선은 바다에 다시 던지고 어렵지 않게 큰 생선을 골라낸 것이다. 들을 귀가 있는 사람은 들어라."

(9) "씨 뿌리는 사람이 밭으로 나가 한 줌 씨를 집어서 뿌렸다. 어떤 씨는 길에 떨어졌는데, 새들이 와서 쪼아먹어 버렸다. 어떤 씨는 바위 위에 떨어졌는데, 흙에 뿌리를 내리지도 못하고 이삭을 내지도 못했다. 어떤 씨는 가시덤불에 떨어졌는데, 가시덤불이 씨를 눌러 버리고 구더기들이 먹어 치웠다. 어떤 씨는 비옥한 땅에 떨어졌는데, 풍성한 결실을 맺어 60배도 1백20배도 냈다."

(10) "나는 이 세상에 불을 던졌다. 나는 온 세상이 다 타버릴 때까지 불을 보호하고 있다."

(11) "저 하늘은 사라질 것이다. 저 하늘 위의 하늘도 사라질 것이다. 죽은 자는 살아있지 않다. 산 자는 죽지 않을 것이다. 너희는 죽은 것을 먹던 시절에 그 죽을 것을 산 것으로 만들었다. 너희가 빛 속에 살게 된 지금은 무엇을 할 것인가. 너희가 하나였던 시절에는 너희가 둘이었다. 그러면 너희가

둘이 된 지금은 무엇을 할 것인가.”

제행무상(諸行無常)
이 세상 모든 것은
시간 속에 변해 간다.
그러나 그 변해가는 것을 아는 것은 변치 않나니
그러므로 고기 잡던 사람이 그물을 던지고
사람은 건졌던 것이다.

하나의 배가 천개가 되고
겨자씨 하나가 만개가 되는 것을 아는가.
그러나 연을 만나지 못하면
새 입속에 들어가고 길거리서 말라 버린다.

3. 참된 지도자

(12) 제자들이 예수에게 물었다.

“당신이 우리에게 떠나갈 것임을 알고 있습니다. 그러면 누가 우리 지도자가 되겠습니까?”

“너희는 어디에 있는지 정의로운 야고보에게 가야 한다. 왜냐하면 하늘과 땅이 야고보를 위해서 창조되었기 때문이다.”

(13) 예수가 제자들에게 말했다.

“나를 다른 존재와 비교하라. 내가 누구와 같은지 말해보아라.”

시몬 베드로가

“정의로운 천사와 같습니다.”

하니 마태가

“지혜로운 철학자와 같습니다.”

하였다. 도마가

“선생님. 내 입으로는 당신이 누구와 같은지 정말 말을 할 수가 없습니다.”

“나는 네 선생이 아니다. 네가 취했고, 내가 이미 다 측량한 샘에서 솟아나는 물을 마시고 취해 있기 때문에 너는 그런 말을 한다.”

하고, 예수가 도마를 데리고 외딴곳으로 가서 세 가지를 이야기해 주었다. 도마가 동료에게 돌아오자 물었다.

“예수가 무슨 말을 했느냐?”

“내가 들은 내용 가운데 한 가지를 말해주면, 너희는 돌을 집어서 내게 던질 것이다. 그러면 그 돌에서 불길이 치솟아 너희를 태워버릴 것이다.”

(14) 예수가 제자들에게 말했다.

“단식을 하면 너희는 스스로 죄를 짓고, 기도를 하면 너희는 단죄될 것이다. 자선을 베풀면 너희는 자기 영혼을 해칠 것이다. 어느 나라나 어느 구역으로 들어가서도 그 사람들이 너희를 받아들인다면 차려 내오는 음식을 먹고, 병든 자를 치유해 주어라. 입으로 들어가는 것이 너희를 더럽히는 것이 아니라, 너희 입에서 나오는 것이 바로 너희를 더럽히기 때문이다.”

(15) “여자에게 태어나지 않는 분을 만나면 너희들은 엎드려서 그분을 숭배하라. 그분은 바로 너희들의 아버지다.”

(16) "내가 세상에 평화를 주려고 왔다고 사람들이 아마 생각하는 모양이다. 내가 와서 이 세상에 주려는 것이 불화, 즉 불·칼 그리고 전쟁임을 사람들이 모르고 있다. 한 집에 다섯 명이 있으며, 세 명이 두 명과 대립하고 아버지와 아들이 서로 싸울 것이기 때문이다. 모두 각각 홀로 서 있을 것이다."

(17) "내가 너희에게 주려고 하는 것은 지금까지 아무도 보지 못하고 듣지 못하고, 만져 보지도 못했으며, 상상조차 못한 것이다."

쌍자야곱(雙子野谷)
야곱은 이삭과 리브가의 아들로
쌍둥이 형의 발뒤꿈치를 잡고 태어난 사람
팥죽 한 그릇으로 장자권을 빼앗아
형의 축복까지 가로챘던 동생,

그러나 벧엘에서 하늘 사닥다리를 보고
라헬을 얻기 위해 20년 동안 머슴살이 한 자,
두 명의 아내(레아·라헬)와
두 명의 몸종(실바·빌하)에게서

열두 명의 아들과 한 명의 딸을 낳아
점박이 양으로 부자가 된 야곱이
마침내 고향에 돌아가 화해하고 고향 땅에 편안히 묻혔다.

4. 시작과 끝

(18) 제자들이 예수에게 물었다.

"우리의 끝은 어떤 것입니까?"

"끝을 찾고 있는 너희는 그러면 시작은 발견했느냐? 시작이 있는 그곳에 끝이 있기 때문이다. 시작 안에 자기 자리를 잡을 사람은 축복을 받았다. 그 사람은 끝을 알고, 죽음을 맛보지 않을 것이다."

(19) "존재하기 이전에 존재한 사람은 축복을 받았다. 너희가 만일 내 제자가 되어 내 말에 귀를 기울인다면, 이 돌들이 너희에게 시중을 들 것이다. 낙원에 너희들을 위한 나무가 다섯 그루 있는데, 그 나무들은 여름과 겨울에도 변함이 없고 낙엽 지는 일이 없기 때문이다. 이 나무들과 친해지는 사람은 죽음을 맛보지 않을 것이다."

(20) "나의 제자들은 남의 밭에 자리잡은 아이들과 같다. 그 밭의 주인들이 돌아오면, 우리 밭을 되찾자고 말할 것이다. 아이들은 밭을 돌려준 뒤 그 밭을 다시 받기 위해서 주인들 앞에서 옷을 벗을 것이다. 도둑이 들 것이라고 집주인이 안다면 도둑이 와서 집에 구멍을 뚫고 들어와 재산을 훔쳐가기 전에 그 주인은 야간 경계를 시작할 것이다. 너희는 이 세상에 대항해서 스스로 경계하라. 우려하던 일이 실제로 일어날 테니. 강도가 덮치지 못하도록 너희는 강력한 힘으로 무장해라. 너희 가운데 이해하는 사람을 한두 명 두어라. 곡식이 익으면 그 사람 손에 낫을 쥐고 빨리 와서 추수한다. 들을 귀가

있는 사람은 들어라.”

(22) “젖을 빠는 아이들은 왕국에 들어가는 사람들과 같다.”
라고 하자 제자들이
“그러면 우리들이 어린아이가 되어 왕국에 들어갈 것입니
까?”
“너희가 둘을 하나로 만들 때 안을 바깥처럼, 바깥을 안처럼,
위를 아래처럼 만들 때, 그리고 남자와 여자를 똑같이 하나로
만들어 남자가 아니고, 여자가 여자가 아니게 할 때, 눈 대신
에 눈을, 손 대신에 손을, 발 대신에 발을, 비슷한 것 대신에
비슷한 것을 만들어 낼 때 비로소 왕국에 들어갈 것이다.”

(23) “천 명 가운데서 한 명, 만 명 가운데서 두 명인 너희
를 내가 선택할 것이다. 그러면 선택받는 자는 모두 한 명이
될 것이다.”

원겁일념(遠劫一念)
멀고 가까운 것이
한 생각에 달려있다.

동정(動靜)이 항상
청산 가운데 있고

붉은 꽃 흰 나비가
청풍명월과 연관이 있기 때문이다.

5. 의사는 자기 아는 사람을 고치기 어렵다

(24) 제자들이 말했다.

"당신이 있는 곳을 보여 주십시오. 우리가 그 장소를 찾아 낼 필요가 있기 때문이니이다."

"귀가 있는 사람은 들어라. 빛의 사람 속에 빛이 있고, 그 사람이 온 세상을 밝게 비춘다. 빛나지 않는 사람(또는 물건) 은 암흑이다."

(25) "형제를 네 영혼처럼 사랑하고, 네 눈동자처럼 보호하라."

(26) "형제의 눈에서 티끌을 보면서 네 눈의 대들보는 보지 않는다. 먼저 네 눈의 대들보를 치워 버린다면, 형제의 눈에 서 티끌이 없어진 것을 분명히 볼 것이다."

(27) "이 세상에 관해서 너희가 단식을 하지 않으면 왕국에 들어가지 못할 것이다. 안식일을 안식일답게 지키지 않는다면 너희는 아버지를 보지 못할 것이다."

(28) "나는 이 세상에 자리 잡았고, 육체를 가지고 사람들에 게 나타났다. 와서 보니 모두 취해 있고 한 명도 목마른 자가 없었다. 사람의 아들들이 마음의 눈이 멀어서 보지 못하기 때 문에 내 영혼이 근심에 싸여있다. 사람들은 빈손으로 이 세상 에 왔다가, 역시 빈손으로 세상으로 떠나려고 하기 때문이다. 그러나 잠시만 취해 있는 것이다. 사람들이 포도주를 끊어 버 리면 비로소 뉘우칠 것이다."

(29) "정신 때문에 육체가 존재하게 된다면, 그것은 경이로운 일이다. 그러나 육체 때문에 정신이 존재하게 된다면, 그것은 경이 가운데 경이로운 일이다. 이 빈곤 가운데 어떻게 이토록 어마어마한 부유함이 자리 잡았는지 보고 나는 참으로 놀란다."

(30) "신들이 셋 있는 곳에서는 그 사람들이 신들이다. 둘이나 하나 있는 곳에서 그 사람과 더불어 내가 있다."

(31) "예언자는 자기 고향에서 환영 받지 못하고, 의사는 자기를 아는 사람을 고치지 못한다."

치자유병(癡者有病)
어중간히 아는 것이 병이다.
죽음이 무엇인지 알지 못하는 사람은
죽은 시체 속에서도 두려워하지 않는다.

6. 소경은 길을 인도하지 못한다

(32) "높은 산에 짓고 요새화한 도시는 함락되지도, 숨겨지지도 못한다."

(33) "너희 귀와 다른 귀로 들을 내용을 지붕꼭대기에서 설교하라. 왜냐하면 등불을 켜서 뒷방 안에 넣어 두거나 으슥한 곳에 숨겨두지 않고, 오히려 촛대 위에 놓아서 집에 들어오고

나가는 사람이 모두 그 빛을 보도록 하는 법이기 때문이다.”

(34) “소경이 소경을 인도하면 둘 다 구렁텅이에 빠진다.”

(35) “강한 자의 집에 들어가는 사람은 강한 자를 묶기 전에는 그 집을 힘으로 뺏을 수가 없다. 강한 자를 묶은 뒤에 비로소 그 집을 털어갈 수가 있는 것이다.”

(36) “아침부터 저녁까지, 그리고 저녁에서 아침까지 무엇을 입을지 걱정하지 마라.”

(37) 제자들이 “언제 당신이 우리에게 드러나고, 언제 우리가 당신을 보게 될 것입니까?”
하자 다음과 같이 말했다.
“너희가 부끄러움을 느끼지 않고 옷을 벗은 뒤, 그 옷을 집어서 어린아이들처럼 자기 발아래에 놓고 그 옷을 밟으면, 그때 살아 있는 그분의 아들을 보게 될 것이며, 두려워하지도 않을 것이다.”

(38) “내가 지금 너희에게 말하고 있는 것을 너희가 간절히 듣고 싶어 했지만, 아무에게도 들을 기회를 얻지 못했다. 너희가 나를 찾겠지만 발견하지 못할 날이 올 것이다.”

(39) “바리새파의 율법 학자들이 지식의 열쇠를 가져가서 숨겨 놓았다. 자기네도 들어가지 않고, 들어가고 싶어 하는 다른 사람도 못 들어간다. 그러나 너희들은 뱀처럼 지혜롭고

비둘기처럼 순전한 자가 되라.”

(40) “포도나무가 아버지의 집 바깥에 심어졌다. 그러나 제대로 자라지 않기 때문에 뿌리째 뽑아서 없애버릴 것이다.”

보리심등(菩提心燈)
깨달음의 등불은
바람 속에서도 꺼지지 않는다.

큰 원으로 심지 삼고
불쌍한 마음으로 기름을 부어
희생과 봉사로써 불을 밝히라.

그리하면 영원히
마음의 등불이 온 세계를 비출 것이다.

7. 영혼의 할례가 유익하고 완전하다

(41) “자기 손에 뭔가 가지고 있는 자는 더 많이 받을 것이고, 손에 아무것도 없는 자는 조금 가진 것이나마 빼앗길 것이다.”

(42) “나그네가 되라.”

(43) 제자들이 물었다.
“당신이 누구이기에 이런 말들을 우리에게 하는 겁니까?”

"내 말을 듣고도 너희들은 내가 누구인지 깨닫지 못하고 유대인들처럼 되었다. 왜냐하면 유대인들은 나무는 사랑하지만 열매는 미워하고, 또는 열매는 사랑하지만 나무는 미워하기 때문이다."

(44) "아버지나 아들을 거슬러서 모독하는 사람은 누구든지 용서받을 것이다. 그러나 성령을 거슬러서 모독하는 사람은 땅에서도 하늘에서도 용서받지 못할 것이다."

(45) "가시나무에서 포도를, 엉경퀴에서 무화과를 추수할 수 없다. 선한 사람은 자기 창고에서 선을 내고, 악한 사람은 자기 가슴에 있는 창고에서 악을 꺼내오고 악을 말한다. 악한 사람은 가슴에 가득 찬 악이 넘쳐서 악한 짓 하기 때문이다."

(46) "아담에서 세례 요한에 이르기까지 여자에게 태어난 사람 가운데 세례 요한보다 더 위대한 사람이 없다. 누구나 세례 요한 앞에서는 눈을 아래로 내리깔아야 한다. 그러나 이미 내가 말한 대로 너희 가운데 어린아이가 되어 왕국을 알게 되면 세례 요한보다 더 위대하게 될 것이다."

(47) "한 사람이 두 마리 말을 타거나 두 개의 활을 당길 수는 없다. 하인이 두 주인을 섬길 수도 없다. 만일 두 주인을 섬긴다면 하나는 존중해주고, 다른 하나는 경멸할 것이다. 아무도 오래된 포도주를 마시고는 즉시 새로 담근 포도주를 원하지 않는다. 새로 담근 포도주를 낡은 포도주 자루에 넣지도 않는다. 그렇게 하면 자루가 터진다. 오래된 포도주를 새

포도주 자루에 담지도 않는다. 그렇게 하면 포도주 맛을 버린다. 낡은 헝겊을 새옷에 깁지도 않는다. 그렇게 하면 그것이 찢어지고 말기 때문이다."

(48) "두 사람이 서로 화해를 한다면, 그리고 그 사람들이 산에게 움직여 저리 가라고 말하면, 그 산이 움직여서 가버릴 것이다."

(49) "고독하고 선택 받은 사람은 축복 받았다. 왜냐하면 왕국을 발견한 것이기 때문이다. 이러한 사람은 왕국에서 왔고, 왕국으로 돌아갈 것이다."

(50) "사람들이 너희에게 어디서 왔느냐고 물으면 '우리는 빛에서 왔다. 빛이 스스로 생겨나고 자신을 확립하고 자기 형상을 통해서 드러나는 그 장소에서 왔다.'고 대답하라. 사람들이 '그 빛이 너희냐?'고 물으면 '우리는 그 빛의 자녀들이고 살아있는 아버지의 선택 받은 자들'이라고 대답하라. 사람들이 너희에게 '너희 안에 있는 아버지의 징표가 무엇이냐?'고 물으면 '그 징표는 움직임과 안식'이라고 대답하라."라고 말했다.

(51) 제자들이 물었다.
"죽은 자들의 안식이 언제 시작하고, 새로운 세상이 언제 올 것입니까?"
"너희가 찾고 있는 것이 이미 왔지만 너희는 그것을 알아보지 못한다."

(52) 제자들이 말했다.

"예언자 24명이 이스라엘 안에서 말했고, 이 예언자가 모두 당신 안에서 말했습니다."

"너희는 너희 가운데 살아 있는 한 명을 누락했고, 죽은 자들에 대해서만 이야기했다."

(53) 제자들이 물었다.

"할례는 유익합니까, 유익하지 않은 것입니까?"

"유익한 것이었다면, 어머니 뱃속에서 태어날 때부터 이미 할례 된 상태로 낳았을 것이다. 오히려 영혼의 진정한 할례가 안전하고 유익한 것이다."

(54) "가난한 사람은 축복을 받았다. 하늘의 왕국이 너희 것이기 때문이다."

(55) "자기 아버지와 어머니를 미워하지 않는 사람은 내 제자가 될 수 없다. 자기 형제와 자매를 미워하지 않고, 또한 나의 길에서 자기 십자가를 지지 않는 사람은 나를 따를 자격이 없을 것이다."

(56) "이 세상을 이해하게 된 사람은 오직 시체를 발견했다. 그리고 시체를 발견한 사람은 이 세상보다 우월하다."

고난축복（苦難祝福）

고난 속에 축복이 있다.

육적인 것을 즐기는 사람은

영혼을 등한시하기 쉽다.

아버지 어머니는
뼈와 살을 길러준 사람이고
빛 속의 하나님은
나의 영혼의 등대이기 때문이다.

8. 오른손이 하는 일을 왼손이 모르게 하라

(57) "아버지 왕국은 좋은 씨를 가진 사람과 같다. 원수가 밤에 와서 좋은 씨들 가운데 잡초의 씨를 뿌렸다. 그 사람은 일꾼에게 잡초를 뽑지 말라고 하고, '너희가 잡초를 뽑으려고 하다가 밀도 함께 뽑을까 염려된다.'고 말했다. 추수의 날이 오면 잡초가 뚜렷이 눈에 뜨일 것이고, 뽑혀서 불에 탈 것이기 때문이다."

(58) "고난을 당하고 생명을 발견한 사람은 축복 받았다."

(59) "살아 있는 동안에 너희는 살아 있는 그분에게 주의를 기울여라. 그렇지 않으면 너희가 죽어서 그분을 찾아도 발견할 수 없을 것이기 때문이다."

(60) 유대로 가는 길에 어린 양을 메고 가는 사마리아인을 보았다. 예수가 제자들에게 물었다.
"저 사람이 왜 어린 양을 메고 돌아다니느냐?"
"잡아서 먹으려고 하는 것입니다."

"어린 양이 살아 있는 한 저 사람은 먹지 않을 것이다. 어린 양을 죽여야만 그 시체를 얻을 것이다."

"저 사람은 죽일 수밖에 없습니다."

"너희들은 안식 안에서 거쳐할 너희 장소를 찾아두어라. 그렇지 않으면 너희들도 살해되어 잡아먹힐 것이다."

(61) "두 사람이 침대에 누워 있다가, 한 사람은 죽고 다른 사람은 살 것이다."

살로메가 물었다.

"당신은 마치 하나이신 그분에게서 온 듯이(또는 그분의 아들인 듯이) 행동하고 내 식탁에 자리를 잡고 음식을 먹는데, 도대체 당신은 누구입니까?"

"나는 분리되지 않는 그분에게 나와서 존재한다. 나는 아버지가 가진 것들 가운데 일부를 받았다."

"나는 당신의 제제입니다."

"분리되지 않는 사람은 빛으로 충만할 것이지만 분리된 사람은 암흑으로 가득 찰 것이다."

(62) "나는 내 신비를 받을 자격이 있는 사람들에게만 신비를 말해준다. 너희는 오른손이 하는 일을 왼손이 모르게 하라."

(63) "돈이 많은 부자가 살았다. 그 부자가 '나는 돈을 들여서 씨를 뿌리고 추수하고, 그리고 곡식으로 창고를 가득 채워서 앞으로 부족함이 없도록 하겠다.'고 말했다. 그러한 계획을 가지고 있었지만, 그날 밤 죽었다. 들을 귀가 있는 사람을 들어라."

무상보시(無相布施)
상 없는 보시는 하늘에 꽉 차지만
상 있는 보시는 한정이 있다.

H$_2$O,
공기 속에 물이 들어있고
물 속에 공기가 들어 있듯
영과 육은 둘이 아니다.

9. 천국은 아무나 가는 곳이 아니다

(64) 어떤 사람이 저녁상을 준비한 뒤 방문객을 맞아들였다.
첫 번째 손님에게 하인이 가서 말했다.
“주인께서 당신을 초대했습니다.”
“난 장사꾼과 해결할 문제가 있어 참석하지 못하겠으니 양
해 해주기 바란다.”
라고 말했고, 둘째 사람은
“내가 방금 집을 구입했기 때문에 오늘은 그 일을 처리해
야 한다.”
하였으며, 셋째 사람은
“친구가 결혼할 예정이라서 내가 그 잔치를 준비해야 한다.”
하고, 넷째 사람은
“방금 내가 농장을 구입하여 지금 임차료를 받으러 가야
한다.”
하여, 하인이 돌아와서 말했다.
“저녁상에 초대받은 사람들이 모두 양해 바란다고 합니다.”

“길에 나가서 아무나 만나는 대로 불러와서 저녁상에 앉혀라. 사업가와 장사꾼은 나의 아버지 장소에 들어가지 못할 것이다.”

(65) “어떤 착한 사람이 포도밭을 가지고 있었다. 그 밭을 소작농들에게 빌려주어 소작농들이 농사를 짓고, 자기는 소작료를 받기로 했다. 그래서 포도밭의 소작료를 거두려고 하인을 파견하니, 소작인들은 하인을 잡아서 두들겨 패서 보내고 다시 또 보내니 마찬가지라. 마지막으로 주인은 자기 아들을 보내면서 ‘그 사람들이 적어도 내 아들은 존중해 줄 것이다’ 하고 보냈는데, 그들이 그가 그 포도밭의 상속자임을 알고 아들을 잡아서 죽여 버렸다.”

(66) “건축가들이 버린 돌을 내게 보여라. 그 돌이 모퉁이 돌이다.”

(67) “모든 것 그 자체가 부족하다고 믿는 사람은 자기 자신이 철저하게 부족한 것이다.”

(68) “미움과 박해를 받을 때 너희는 축복 받았다. 너희가 어디서 박해를 받든, 박해자들은 그 장소를 발견하지 못할 것이다.”

(69) “마음 가운데에서 박해를 받아온 사람들은 축복 받았다. 그 사람들이 아버지를 참으로 알게 될 것이기 때문이다. 굶주리는 사람은 축복을 받았다. 허기진 배가 가득 찰 것이기

때문이다."

(70) "너희가 안에 가진 것은, 만일 그것을 너희 밖으로 내보내면 너희를 살릴 것이다. 너희가 안에 가지지 못한 것은 만일 그것을 너희가 안에 가지지 못하면 너희를 죽일 것이다."

무방천국(無防天國)
막지 않는 천국에
많이 가 이르지 못하는 것은
삼독번뇌를
자기 집 재물을 삼는 까닭이고

달래지 않는 악도에
많이 가 이르는 것은
이 몸과 욕심으로
마음의 보배를 삼기 때문이다.

10. 부활도 부활이 아니다

(71) "내가 이 집을 헐어버릴 것이고, 아무도 이 집을 다시 짓지 못할 것이다."

(72) 어떤 사람이 예수에게 말했다.
"아버지의 유산을 내게 분할해 주라고 내 형제들에게 말해 주십시오."
"이것 보게. 누가 나를 분할하는 사람으로 만들었는가?"

예수가 제자들에게 몸을 돌려 말했다.

"나는 분할하는 사람이 아니다. 그렇지 않느냐?"

(73) "추수할 들판은 넓은데 일손이 너무 적다. 그러니까 추수할 일손을 많이 보내주라고 주님께 간청하라."

(74) "오오, 주님. 온통 주변에 사람이 많이 둘러서 있지만 온통 안이 텅 비어 있습니다."

(75) "문 앞에 많은 사람이 서 있지만, 신방에 들어가는 신랑은 한 사람 뿐이다."

(76) "아버지 왕국은 상품을 취급하다가 진주를 발견한 상인과 같다. 그 상인은 사려 깊은 사람이었다. 상품을 팔아서 그 진주를 혼자 차지하려고 샀다. 너희도 그리하라. 좀도 먹지 않고 구더기도 해치지 않으며 끊임없이 영존하는 그런 보물을 찾아 나서라."

(77) "모든 것 위에 있는 빛이 바로 나다. 모든 것이 내게서 나왔고, 모든 것은 나에게 이어져 있다. 나무토막을 쪼개어 보아라. 거기 내가 있다. 돌을 들어 올려라. 너희는 거기서 나를 발견할 것이다."

(78) "너희는 왜 사막으로 나갔느냐? 바람에 흔들리는 갈대를 찾기 위해서? 너희는 왕들과 지위 높은 사람들처럼 값진 옷을 입은 사람을 보기 위하여? 값진 옷을 입고는 있지만 그

사람들은 진리를 알아볼 능력이 없다.”

(79) 몰려든 사람들 가운데 한 여인이 예수에게 말했다.
“당신을 잉태한 배와 당신에게 젖을 준 그 젖가슴은 축복
받았습니다.”
“아버지 말씀을 듣고 성실하게 그 말씀을 지키는 사람은
축복 받았다. 언젠가 그날이 오면 너희는 잉태하지 않는 배와
젖을 주지 않는 젖가슴이 축복 받았다고 말할 것이기 때문이다.”

(80) “이 세상을 알아본 사람은 육체를 발견했다. 그러나 육
체를 발견한 사람은 이 세상보다 우월하다.”

불생불멸(不生不滅)
성령은 나지도 않고
죽지도 않는 것이다.
죽었다 살아나는 것은 성령이 아니므로
나는 부활하지 않았다 한 것이다.

11. 여우도 자기 굴이 있다

(81) “부자가 된 사람은 왕이 되게 하라. 권력을 가진 사람
은 그 권력을 버리게 하라.”

(82) “내게 가까이 있는 사람은 불에 가까이 있다. 내게서
멀리 있는 사람은 왕국에서 멀리 있다.”

(83) "모습들이 사람에게 분명하지만, 그 모습을 안의 빛은 아버지의 빛의 모습 안에 감추어져 있다. 아버지는 분명해지겠지만, 그 모습은 그분의 빛이 감출 것이다."

(84) "너희는 자기와 비슷한 것을 볼 때 기뻐한다. 그러나 너희보다 먼저 존재하게 되었고, 죽지도 않고 분명해지지도 않은 너희 모습들을 볼 때 얼마나 많이 참고 견디어야 할 것인가!"

(85) "아담은 위대한 힘과 엄청난 재산으로부터 나왔지만 너희만큼 가치 있지 않도다. 아담이 그럴 가치가 있었다면 죽음을 맛보지 않았을 것이다."

(86) "여우들은 자기 굴이 있고 새들도 자기네 둥우리가 있다. 그러나 사람의 아들은 자기 머리를 뉘이고 쉴 자리가 없다."

(87) "다른 육체에 의존하는 육체는 비참하다. 그 구 육체에 의존하는 영혼은 비참하다."

(88) "천사들과 예언자들이 너희에게 와서 너희가 이미 가진 것을 줄 것이다. 그러면 너희도 천사나 예언자들에게 가진 것을 주고 '천사들과 예언자들이 언제 와서 자기네 것을 가져갈 것인가?'라고 스스로 말하라."

(89) "너희는 왜 잔의 바깥을 씻느냐? 잔의 안을 만든 사람이 바깥도 만들었단 사실을 깨닫지 못한다 말이냐?"

(90) "내 멍에가 메기 쉽고 내 통치가 온화하니 너희는 내게 오라. 그러면 안식을 얻을 것이다."

(91) "당신은 누구인지 말해 주시오. 그러면 우리가 당신을 믿을 것입니다."

"너희는 하늘과 땅의 형세는 분별한다. 그러나 너희 앞에 있는 사람을 알아보지 못하고 이 순간을 분별하지 못한다."

(92) "찾아라. 그러면 발견할 것이다. 그러나 예전에 너희가 내게 간청한 것을 내가 그때는 말해주지 않았지만 지금은 말해 주려고 하는데, 너희는 지금은 간청하지 않고 있다."

육생비참(肉生悲慘)
육체만을 의지하여 사는 사람은
비참함을 본다.

육체는 원소의 집합체로
모였다 흩어지는 것이므로
영원성이 없기 때문이다.

그러니 육체를 끌고 다니는
주인공을 보라.
주인을 보는 사람은
오나 가나 걱정이 없을 것이다.

12. 빈 항아리 인생

(93) "거룩한 것을 개에게 주지 마라. 그렇게 하면 개들이 똥 무더기에 거룩한 것을 던질지 모른다. 진주를 돼지에게 던지지 마라. 그렇게 하면 돼지가 진주를 부숴 버릴지도 모른다."

(94) "찾는 사람은 발견할 것이고, 두드리는 사람은 안으로 들어갈 것이다."

(95) "돈을 가지고 있으면 이자를 받으려 빌려주지 말고, 되돌려 받을 가망이 없는 사람에게 주어버려라."

(96) "아버지 왕국은 어떤 여인과 같다. 여인이 누룩을 집어서 작은 반죽에 넣어 커다란 덩어리를 만들었다. 들을 귀가 있는 사람은 들어라."

(97) "아버지 왕국은 음식을 가득 담은 항아리를 이고 가는 여인과 같다. 여인은 길을 가는 도중 아직 집이 멀었을 때, 항아리 손잡이가 떨어져 나가고 음식이 여인의 등 뒤로 길게 떨어졌다. 여인은 그 사실을 깨닫지 못하고 그런 사고를 눈치 채지 못했다. 집에 돌아와서 항아리를 내려놓으니 텅 비어 있었다."

(98) "아버지 왕국은 권세 있는 사람을 죽이려는 사람과 같다. 그 사람은 자기가 일을 끝까지 해낼 수 있는지 시험하기 위해서 자기 집에서 칼을 빼어 벽에 꽂아 보았다. 그런 다음

에 권세 있는 사람을 죽였다.”

(99) 제자들이 예수에게 말했다.
“당신 형제들과 어머니가 바깥에 서 있습니다.”
“내 아버지 뜻을 실천하는 여기 이 사람들이 나의 형제이고 어머니이다. 내 아버지의 왕국에 들어가는 것은 바로 이 사람들이다.”

(100) 사람들이 예수에게 금화 한 닢 보여주며 말했다.
“황제의 사람들이 우리에게 세금을 요구합니다.”
“황제의 것은 황제에게, 하나님의 것은 하나님에게 주고, 나의 것은 내게 달라.”

(101) “나를 본받아서 자기 아버지와 어머니를 미워하지 않는 사람은 내 제자가 될 수 없다. 나를 본받아서 자기 아버지와 어머니를 사랑하지 않는 사람은 내 제자가 될 수 없다. 나의 어머니는 내게 허위를 주었지만, 나의 진실한 어머니는 내게 생명을 주었기 때문이다.”

(102) “바리새파는 저주를 받아라. 이 사람들은 소의 여물통에서 자는 개와 같아서, 자기도 먹지 아니하고 소도 못 먹게 하기 때문이다.”

(103) “도둑 떼가 어디로 침입할지 아는 사람은 운이 좋다. 그 사람은 도둑 떼가 침입하기 전에 잠자리에서 일어나 자기 집을 튼튼히 하고 스스로 무장을 할 수 있기 때문이다.”

사부종사(四婦從使)
한 사람이 네 부인을 얻어 살았다.
첫째 부인은 멋도 모르고 살고
둘째 부인은 좋아서 살고
셋째 부인은 가두어 놓고 살고
넷째 부인은 가나 오나 함께 했다.
마지막 떠날 때 함께 하자 하니
둘째 셋째 넷째는 쏘아붙였는데
그래도 첫째 부인이 함께 가되 영양실조로 업혀 갔다.

13. 천국은 땅위에 있다

(104) 사람들이 예수에게 말했다.
"자, 우리가 다함께 오늘 기도하고 금식합시다."
"내가 무슨 죄를 지었고, 어떤 점에서 내가 잘못했단 말인가? 신랑이 신방을 떠나면 그때 금식과 기도를 하게 하라."

(105) "아버지와 어머니를 아는 사람을 창녀의 아들이라고 부를 것이다."

(106) "너희가 두 사람을 하나로 만들면 사람의 아들이 될 것이고, '산이여, 멀리 움직여 가라.'고 명령하면 그 산이 움직여 갈 것이다."

(107) "왕국은 1백 마리 양을 가진 목자와 같다. 그 가운데

서 가장 큰 양 한 마리가 길을 잃었다. 목자는 99마리를 남겨 둔 채 그 양을 발견할 때까지 찾으러 다녔다. 온갖 고생 끝에 찾아내고는 그 양에게 '99마리 보다 더 염려했다.'라고 말했다.”

(108) “나의 입에서 받아 마시는 사람은 나와 같이 될 것이다. 나 자신이 그 사람이 될 것이며, 감추어진 것들이 그 사람에게 드러날 것이다.”

(109) “왕국은 자기 밭에 보물이 묻혀 있는데도 그것을 모르는 사람과 같다. 그 사람이 죽어서 아들에게 밭을 물려주었다. 아들도 보물을 몰랐다. 그래서 상속받은 밭을 팔았다. 그 밭을 산 사람이 쟁기로 밭을 갈다가 보물을 발견했다. 자기가 원하는 상대에게 이자를 받으려고 돈을 빌려주기 시작했다.”

(110) “세상을 발견하고 부자가 된 사람에게 그 세상을 버리게 하라.”

(111) “하늘과 땅이 너희가 보는 앞에서 둘둘 말려질 것이다. 살아 있는 그분에게서 나와 사는 사람은 죽음을 보지 않을 것이다. 나를 발견하는 사람은 세상보다 우월하다.”

(112) “영혼에게 의존하는 육체는 비참하다. 육체에 의존하는 영혼은 비참하다.”

(113) 제자들이 예수에게 물었다.
“왕국이 언제 올 것입니까?”

"왕국은 기다린다고 해서 오는 것이 아니다. 왕국이 여기 있다, 왕국이 저기 있다고 떠벌릴 일도 아니다. 오히려 아버지의 왕국은 땅 위에 널리 퍼져 있는데 사람들이 알아보지 못한다."

(114) 시몬 베드로가 제자들에게 말했다.
"여자들은 생명을 받을 자격이 없으니까 마리아가 우리를 떠나가게 만들자."
예수가 말했다.
"마리아가 남자가 되도록 나 자신이 마리아를 인도할 것이다. 그러면 마리아도 너희 남자를 닮은 살아있는 영혼이 될 수 있을 것이다. 자기 자신을 남자로 만드는 여자는 모두 하늘의 왕국에 들어갈 것이기 때문이다."

정토천국(淨土天國)
마음이 깨끗하면
그 자리가 천국이요
행동이 바르면
그 자리가 왕국이다.

도마의 인도 전도

도마는 처음 인도 안드라폴리스항에 이르러 탁실라에 있던 앙드왕국의 군다포러스왕을 만났다.

"나는 이 세상에서 제일가는 왕궁을 짓고자 하여 아바네스 상인을 보내 공자를 모시게 된 것이오."

"하늘에 쌓는 궁전을 짓겠습니다. 힘 따라 자금을 대주십시오."

왕이 돈을 주자 도마는 거리의 걸인들에게 모두 나누어 주었다. 그런데 그 소문을 듣고 왕이 도마를 불러 물었다.

"언제 그 궁전이 완성될 수 있는가?"

"이 세상의 궁전이 아니고 저 세상에 가서 쓰셔야 합니다."

"이런 사기꾼이 어디 있느냐. 교수형이나 화형은 너무 가벼우니 살가죽을 벗겨 오래오래 괴롭히다가 토막 내어서 죽여라."

그런데 그날 밤 왕의 친동생 가드가 갑자기 죽어 염라국에 가니 천국구경을 시켜주었는데 말로 할 수 없는 아름다운 궁전이 있었다.

"이것이 누구의 것입니까?"

"자네 형님 군다포러스 임금님이 수용할 집일세. 많은 가난을 구한 공덕으로 지어진 궁전일세."

"내가 가서 형님께 알리고 오겠으니 잠깐만 놓아주십시오."
하여 나와 아뢰니 왕은 도마를 용서하고 오히려 아들의 결혼식을 축하해 달라 하였다. 그런데 도마는 신랑 신부께 "더러운 욕망을 버리고 순수한 영적 결합으로 첫날밤을 보내라." 하여 다시 한번 불화를 일으켰다.

도마는 그 길로 예수의 안수를 받고 인도 전역을 돌아다니며 독사에 물린 사람, 악령 든 사람들을 고치니 이웃나라 미스다왕의 장군 시포르의 정신병 걸린 부인과 딸을 고쳐주었다. 그래서 그들을 제자를 만들고 남편과의 이성생활을 금했다. 이 일로 인해 그 나라 왕 카니스가 도마를 마술사로 알고 감옥에 넣었다. 그런데 오히려 죄수들이 도마의 기도를 보고 진주의 노래를 불렀다.
총리 부인 미그도니아는 모든 것을 다 동원해 도마를 구하고자 감옥에 갔으나 도마는 없었다. 총리 카니스가 왕에게 이 사실을 알려 왕이 직접 가보니 도마는 감옥에 있었다.
"남의 가정을 파괴하지 말라."
타이르고 왔는데 미그도니아 부인과 유모 마르키아가 이 세상의 욕망보다는 천국의 사랑이 더 그립다 관계하지 않아 결국 도마는 네 명의 병사에 의해서 죽음을 당한다.
"나의 몸은 4대로 구성되었기 때문에 네 명의 병사에 의해 죽는다."

진주불성(眞珠佛性)
본생경에 진주를 불성에 비유하고 있다.
바다 용왕이 턱밑에 가지고 있는 진주는

누구도 훔칠 수 없는데 사랑하는 사람을 만나면
통째로 준다 하였다.

진주를 찾고,
진주를 찾는 방법을 가르친 도마는
이 세상의 영화보다는
저 세상의 영광을 위해 복을 지었다.

보병궁복음서

보병궁이란 고대 서양의 천문학(점성술)에서 나온 말이다.
우리의 태양계는 중심 태양계로부터 멀리 떨어져 있어
2만6천년 만에 한번씩 그 궤도를 돌고 있다.

그리고 그 태양의 궤도(黃薦帶)는 12궁으로 되어 있는데
백양궁(白羊宮)·황소궁(金牛宮)·쌍자궁(雙子宮)·
게자리(巨蟹宮)·사자궁(獅子宮)·처녀궁(處女宮)·
천칭궁(天秤宮)·전갈궁(天蠍宮)·사수궁(人馬宮)·
염소궁(磨羊宮)·물병궁(寶瓶宮)·쌍어궁(雙魚宮)이 그것이다.

십이궁이 한 자리로 지나가는 시간은 약 2100년이 되므로
6천년 전에는 아담의 시대로 황소궁(金牛宮) 시대이고
4천년 전에는 아브라함 시대로 백양궁 시대이고
2천년 전에는 예수님 시대로 쌍어궁 시대이고
장차는 보병궁 시대로 물병자리 시대이다.

천상의 영계에는 아카샤(우주심)란 기록이 있는데

그것은 제일의 원시물질로 영적 결정체이다.
조그마한 진동에도 이 세상 온갖 것이 다 기록되어
빠짐없이 저장되어 있다.

사람의 마음이 우주심과 일치하면
이들 아카샤에 인상된 말을
지상의 언어로 바꾸어 놓을 수 있다.

1844~1911년까지 산 미국의 리바이 도우링 목사가
이것을 계시 받아 정리한 것인데 그는 이 복음서를
성약성서(말씀이 이루어지는 시대의 복음서)라 하였다.

이 복음서에는 4대 복음서의 내용이
있는 대로 다 기록되어 있고
예수의 잃어버린 세월(12세~30세) 가운데
성장과정과 구도과정이 자세히 기록되어 있다.

이것은 소련 기자 니콜라스 모토비치가 티베트에서 얻은
예수의 전기와 일치하며,

또 이집트에서 발견된
도마복음서하고도 일치하기 때문에

경외복음서로 인식되고 있지만
세계 각국 학자들의 관심거리가 되어 있다.

나는 예수님께서 고향에 돌아와
이집트의 천문학자들이 운영하는
형제학원에 들어가
사람이 견디기 어려운 경지를 이겨내고
천지 우주의 학문을 마스터함으로써
그리스도라 하는 명칭을 부여받게 된 것이
보병궁과도 연관된 것이 아닌가(?)
생각해 보기도 하였다.

하여간 세계는 자연의 원리를 따라
순응해 따라가는 것이므로
지상의 이렇다 할 지식과 상식으로써는
판단할 수 없는 것이지만
이미 드러난 사실을 부정하고 도외시할 필요는 없다.

세상은 항상 새롭게 돌아가고 있으나
그 속에 존재하는 깨달은 마음은
시간과 공간을 초월해 있기 때문에
이것을 깨달은 것만으로도 인간의 위대성이
그 안에 존재한다고 생각한다.

보병궁전도서

Ⅰ. 예수의 불교 공부

부처님의 말씀은 인도의 경전에 기록되어 있다.
이를 배우도록 하라.
이것은 성기(聖氣) 교육의 일부이다.

요셉의 가정은 나사렛의 마미온 거리에 있었다.
이곳에서 마리아는 그 아들 예수에게
엘리후와 살로메로부터 얻은 교훈
불경과 힌두교의 경전인 베다를 가르쳤다.

그리하여 예수는 베다의 찬가와
아베스다 경전을 읽기를 즐겨 했으나
무엇보다도 좋아한 것은 다윗의 시편과
솔로몬의 신랄한 말이었다.

〈보병궁복음서 11 : 12, 16 : 1~2〉

세계일통(世界一桶)
세계가 한 통속이다.
동서가 어찌 멀리 있겠는가.

낙타 등허리에 먹을 것이 실려 오고
노새 발굽에 입을 것이 걸려오면

그 속에 동서의 언어와 풍습이
저절로 왔다 갔다 하게 되어 있다.

2. 예수님의 인도 유학

(1) 자간나스사원

예수는 그리쉬나(毘經奴)를 모신 자간나스의 절에서 베다성전 마니법전을 배웠다. 예수는 인도의 의술을 연구하려고 뜻을 세워 인도의 의사들 가운데 으뜸가는 "우도라카"의 제자가 되었다.

우도라카는 물·흙·식물, 더위와 추위, 햇빛과 그늘, 빛과 어둠의 용법을 가르쳤다.

그래서 자연의 법칙이 건강의 법칙임을 깨달았다. 이 법칙대로 살면 결코 병에 걸리는 일이 없다.

〈보병궁복음서 21 : 19, 23 : 3∼10〉

사백사병(四百四病)
인도의 병원은 지·수·화·풍 가운데
각기 101병씩이 있다.
그래서 모든 병을 404병으로 판정한다.

그러나 그것은 자연의 법칙을 어기는 데서 비롯되니
자연에 순응해 사는 자는
병이 없다고 말한다.

(2) 라마스와의 대화

이사(예수)가 아버지의 집을 은밀히 빠져 나와 예루살렘을 떠나 상인들과 함께 신드(Sind)로 향했던 게 바로 그 때였으니 이는 예수님의 말씀 안에서 스스로 자신을 완전히 하고 대붖다(the great Buddha)의 법을 연구하기 위함이었다.

여기서 예수와 라마스와의 대화가 이루어진다.

예수가 말했다.

"진리는 변하지 않는 유일한 것이다."

라마스가 물었다.

"그럼 인간이란 무엇인가?"

"인간이란 진리와 허위의 혼합체이다. 이 양자가 계속 싸운다."

"힘(power)에 대해서는 어떻게 생각하는가?"

"그것은 무(無)에 지나지 않는 환영(幻影)이다."

"인간이 이것을 토대로 삼아 그 위에 자기 자신을 세우는 바위이다. 그것은 유(有)나 무(無), 진리와 허위를 구별하는 영지(靈知)이다."

“신앙이란?”

“신앙이란 예수님과 인간이 전능하다는 것을 확인하는 것이
며, 인간이 신적인 생활에 도달할 것을 확증하는 것이다.”

<이사전 4 : 12~13>

시공초월(時空超越)

진리는 시간과 공간을 초월한 것이다.

언제 어디에서나 가장 훌륭한 일을 하고

두루 모르는 바 없이 다 아는 마음

이 마음이 곧 하늘이요 땅이요 사람이다.

“구원에는 몇 단계가 있는가?”

“세 단계가 있다. 첫째는 신념으로 이것은 인간이 아마 그것
이 진리일 것이라고 생각하는 것이고, 둘째는 신앙으로 그것은
인간이 진리를 아는 것이며, 셋째는 완성 즉 인간 자신이 진리
가 되는 것이다.”

<보병궁의 성약 22 : 1~31>

신인평등(神人平等)

신은 인간에 의하여 거룩해지고

인간은 신에 의해 완전해진다.

그러므로 신과 인간은 둘이 아니고

하나가 되었을 때

인간은 구원을 받고

신 또한 더욱 완전하게 된다.

(3) 4성계급에 대한 반발

예수는 라마스와 함께 갠지스강 주변 마을의 노예(수드라), 농부(바이샤)들과 함께 기거하면서 그들에게 인류는 한 동포라는 것과 만민평등, 인간의 절대평등을 가르쳤다.

〈보병궁의 성약 23 : 25〉

이사(예수)께서 주거나웃·라자그라하·베나레스 그리고 다른 성지에서 6년을 지내셨더라. 그가 바이샤와 수드라에게 경전을 가르치시고 또한 그들과 함께 평화롭게 거하시니 모든 이들이 그를 사랑하였더라.

〈이사전 5 : 5〉

사성계급(四姓階級)
인간은 태어나면서부터 하나님의 머리로 태어난 자와
오른쪽 옆구리·배꼽·발뒤꿈치로 태어나
브라흐만·크샤트리야·바이샤·
수드라로 나누어진다고 하였다.

그러나 예수님은 이것을 반대하다가
바라문 교인들에게 쫓겨 불교로 들어오게 된다.

자연의 법칙은 건강의 법칙이다. 이 법칙대로 살면 결코 병에 걸리는 일이 없다. 이 법칙을 어기는 것은 죄이며, 죄를 범하면 병에 걸린다.

인간은 현악기와 같아서 그 줄이 너무 느슨하거나 너무 팽팽하게 되면 악기는 정상적인 소리를 내지 못하듯 인간은 병이 들게 된다.

<보병궁의 성약 23 : 5~9>

(4) 멘구스테 성자

티베트 랏사에 한 교사를 위한 사원이 있었다. 수많은 고전의 필사본이 소장되어 있었다. 인도의 성자인 "피자빠지"는 이미 이들 사본을 읽었으나 그 내용 가운데 많은 비밀의 교훈을 예수에게 이야기해 주었다. 그러나 예수는 자기 자신이 직접 읽기를 원했다. 한편 요동(遼東) 전부의 성현 가운데 으뜸가는 사람인 "멘구스테"가 이 티베트의 사원에 있었다.

<보병궁 복음서 36 : 1~4>

이사전기(伊沙傳記)
1887년 러시아 언론인이자 저술가인
니콜라스 노토비치는
라닥크 수도인 레의 하이미르 수도원에서
이 책을 발견하였다.
그 후 철학자 스와미 아베다난다와
과학자 니콜라스 노토비치
스위스 음악가 카스파리 등에 의해
세계적으로 알려져
미국의 엘리자베스 C. 프로펠 교수에 의해
"예수의 잃어버린 세월"로 출간된다.

(5) 랏사에서의 수학

에모다스 고원을 횡단하는 길은 험난했지만 예수는 여행길에 올랐고, "피자빠지"는 믿을 수 있는 한 사람의 길잡이를 붙여 주었다.

〈보병궁 복음서 36 : 1～4〉

물론 인간의 의지는 최고의 의약이니까… 따라서 스스로의 힘으로 병을 고칠 수가 있다.

인간이 "하나님과 자연과 자기 자신을 믿을 수 있는 경지"에 이르면 권능(power)의 거룩한 말씀을 알게 된다. 이 성언(聖言)은 모든 상처의 진정제가 되고, 생명의 온갖 병을 치료한다.

〈보병궁의 성약 23 : 10～13〉

기바철학(嗜婆哲學)
마가다국 기바의사는
이 세상 어느 것이나
약 안 되는 것이 하나도 없다고 말했다.

인간은 자연의 산물이고
자연 속에 살아가기 때문에
자연에 대한 신비를 믿는 사람은
절대 병이 나지 않고
병이 나도 즉시 치료될 수 있다 하였다.

치료인이란 신앙심을 심어줄 수 있는 사람이다. 영혼이 위대한 사람은 힘이 있는 사람으로, 그는 다른 사람의 영혼 안에 들어가 희망이 없는 사람에게 희망을 주고, 하나님·자연·인간에 대한 믿음이 없는 자에게 믿음을 심어준다.

〈보병궁의 성약 23 : 14~15〉

　예수는 우도라카·승려·학자들에게 이렇게 말한다. 우주신(본체신)은 한 분이고, 신(인격신)은 '한 분 이상' 이어서 모든 것은 신(개체화된 인격신), 모든 것은 하나이다(본체신과의 관계).

　예수님의 향기로운 숨결에 의하여 생명 전체는 하나로 연결되어 있다.
　사람들은 누구나 모두 한 분의 예수님을 모시지만 아무도 예수님(우주 자체의 조화신)의 모습을 볼 수는 없다.
　이 우주신은 지혜·의지·사랑이시다.

〈보병궁의 성약 28 : 4~14〉

신지성격(神智性格)
신에는 우주신과 인격신이 있는데
일반의 신들은 인격신이고
전지전능한 신은 우주신이다.

아집과 아만 아견에 꽉 차 있는 신은 인격신이고
지혜와 의지 사랑으로 꽉 차 있는 신은 우주신이다.

　이윽고 요단강을 건너 집으로 돌아온 예수는 기뻐 어쩔 줄 모르는 어머니의 애정 어린 환대를 받았으나, 동생들로부터는 혼자 잘난 체하며 헛된 명성을 구하는 자로 비난을 받았다. 사랑하는 어머니 마리아와 여동생 미리암에게만 지난 날 구도의 과정에서 겪었던 사연 많은 이야기를 들려주고는 곧 희랍으로 떠났다. 아테네에 이르러, 희랍의 성자인 '아폴로'의 인도로 다른 현인들을 만나 희랍의 정신세계에 대해 듣고, 또한 희랍의 여러 교사들을 가르치기도 했다.

〈보병궁의 성약 44~46〉

성불공대(聖不恭待)
성인은 고향 가서 공경과 사랑을 받을 수 없다.
유아 시절의 관념과 가정 족보와 연관이 있기 때문이다.

마리아와 미리암의 사랑 속에서 하루를 지내고
외로운 성자는 아테네 희랍으로 떠난다.

이듬해에는 이집트 조안에 가서 엘리후와 살로메를 만난 뒤, '헬리오폴리스(해의 도시)'로 가서 성자들의 모임인 형제단 입회를 허락받았다. 예수는 이들 성자들에게 이렇게 말한다.
"저는 지상생활의 길을 널리 더듬을 생각입니다. 널리 학문적으로 추구하고 싶습니다. 누군가가 오른 높은 곳에 저도 오르고 싶습니다. 누군가가 고통 받은 일을 저도 경험하고, 이것으로 내 동포의 비애·실망·시련·유혹을 알고 고통 받는 사람들을 어떻게 구할 수 있는지 알고 싶습니다."

〈보병궁의 성약 47 : 12~13〉

형제단원(兄弟團員)
헬리오폴리스(해의 도시)의 형제단원들은
이 세상에 고통 받는 사람들을 위해
무슨 일을 할 것인가를 구체적으로
의논하고 실천하는 단체였다.

성실·공전·신앙·박애·의열을 실천하는 사람은
거룩한 스승으로 애굽 전통의 밀교와 생사문제
그리고 태양계 바깥세계에까지 연구하고 배웠다.

예수는 사자의 방에서 시험을 마친 뒤에 보랏빛 방에서 일곱 번째의 마지막 시험을 이겨내고 마침내 '그리스도(예수님의 사랑)'라는 최고의 법명(法名)을 받았다.
"당신은 천지의 큰 저택에 있어서의 그리스도이다."

이어 당시 사상의 중심지였던 알렉산드리아에 있는 파일로의 집에 세계의 일곱 성현이 모였는데, 예수도 이 모임에 참가하여 명상에 잠겼다. 중국의 멘구스테, 인도의 피자빠쩌, 페르시아의 카스파아, 앗시리아의 아시비나, 희랍의 아폴로, 이집트의 맷세노, 희랍사상의 대가 파일로, 이렇게 모인 7인의 성자들은 세계의 근본원리에 대해 토론하고 예수도 이들에게 진리를 설하였다.
다음은 멘구스테의 말이다.
"때의 바퀴는 한 번 돌아 인류는 '보다 높은 사상의 단계'에서 있습니다. 때가 무르익었습니다. 인류를 위하여 알맞은 옷을 만들지 않으면 안 됩니다. 인자들은 좀더 커다란 빛이 나타나기를 기다리고 있습니다."

〈보병궁의 성약 55 : 6, 56 : 9 · 11 · 13〉

나는 죽음에서 살아난 사랑의 표현이로다.

사람은 누구나 하나님의 아들이다. 사람들이 '신령한 생활'을 보내면 언제나 하나님과 편히 쉰다.

인간은 지상에 하나님의 의지를 행하기 위한 '예수님의 사자'이다. 그리고 인간은 병자를 고치고 하늘의 영(靈)을 관리하고 죽은 자를 살릴 수 있다.

그래서 '인간은 지상의 하나님이다.' 그러므로 하나님을 숭배하는 자는 사람을 숭배하지 않으면 안 된다. 그것은 하나님과 사람의 관계는 아버지와 자식이 한 몸인 것과 같이 한 몸이기 때문이다.

〈보병궁의 성약 91 : 35 · 39 · 41, 78 : 26〉

삼위일체(三位一體)
중생과 부처와 마음,
이 셋은 절대 평등하듯
성부와 성자와 성신도 마찬가지다.

천국의 완성은 이 셋이 하나 되는데서
이루어지나니
하나님의 생각대로 말하고 행동해야 할 것이다.

예수께서 12사도에게 말하기를, 이 전능의 말씀으로 말미암아 '그대들은' 만유와 하늘의 모든 힘을 통어할 수가 있다.

보병궁전도서　**299**

만약 그대들이 죄를 범하지 않으면 그대들은 자유롭다. 그러나 그대가 만약 사상·언어, 혹은 행위로 죄를 범한다면 그대는 노예로다. 진리 말고 너희를 자유롭게 하는 것은 아무 것도 없도다.

자, 하늘에서 천국을 구하는 것을 그만 두시오. 오직 마음의 창을 여시오. 그러면 빛이 환히 비쳐들 듯, 천국이 와서 무한한 환희로 넘치게 해 줄 것입니다.

인간은 지상의 하나님이다.

인간은 모두 육화한 신이다.

인간은 우주의 놀라움입니다. 그것은 인간이 온갖 생명의 단계를 지나온 생명이기 때문입니다.

〈보병궁의 성약 89 : 8, 135 : 23〉

Ⅷ 예수의 약력

시 절	사 건 일 지
탄생 (1세)	BC 5~1년 사이 베들레헴에서 하나님의 독생자로서 마리아의 배를 빌려 성령으로 탄생함 <마 2 : 1>
이름	예수, 히브리어로는 여호수아인데 '구원자'라는 뜻.
유년기 BC4 - AD1	① 지혜가 충족하며 하나님의 은혜가 그 위에 있더라. 　<눅 2 : 40> ② 요셉의 가정은 나사렛의 마미온 거리에 있었는데, 그의 부인 마리아는 엘리후와 살로메로부터 얻은 불경과 힌두교의 경전 및 베다의 찬가를 가르쳤으나, 아베스다 경전과 다윗의 시편, 솔로몬의 지혜를 좋아했다. 　<보병궁 11~12, 16 : 1~21> ③ 12세 때 예루살렘에 올라가 유월절을 지킨 후 성전에 있어 부모와 함께 있지 않아 찾아가니 "내가 내 아버지 집에 있어야 될 줄을 알지 못하였나이까?"라고 말을 하였다. <눅 2 : 49> ④ 적어도 3개 국어(히브리어·아랍어·헬라어)에 정통했을 것이다. ⑤ 인도상인 라마스에 의해 인도로 유학가 부처님 법을 연구하게 된다. <이사전 4 : 12~13>
유학 시절	① 인도에 유학 온 예수는 그리쉬나를 모신 자간나스 성전에서 베다성전과 마니법전을 배웠다. 　<보병궁 21 : 19> ② 인도 의사 가운데 으뜸가는 우도라카의 제자가 되어 물·흙·식물, 더위와 추위, 빛과 그림자, 어둠과 밝음의 용법을 통해 자연건강법을 배웠다. 　<보병궁 21>

③ 바라문교의 4성계급에 의해 환멸을 느낌.

④ 바라문교인들의 저격을 피해 라마스의 안내로 만민평등의 인간적 불교에 출가하여 승명을 이사로 받음.

　　　<보병궁 22 : 1~31>

⑤ 주거나웃·라자그라하·베나레스 등 불교성지를 순례하며 바이샤·수드라들에게 불교를 가르치니 모두가 그를 사랑하였다. <이사전 5 : 5>

⑥ 인도 성자 피자빠지에게서 에모다스 고원을 횡단하여 가면 티베트 랏사에 "비밀의 교훈"이 있다는 말을 듣고 그곳에 가 멘구스테 성자를 만나 영혼의 위대성을 믿는 자와 우주신의 지혜와 의지 사랑에 교합된 사람은 만병을 치료할 수 있는 권능을 가진다는 것을 깨닫게 된다.

　　　<보병궁 36 : 1~4, 23 : 10~15>

고향에 돌아 와서	① 이윽고 요단강을 건너 집에 이르렀으나 어머니와 여동생 미리암의 환영은 받았으나 그의 동생들로부터는 혼자 잘난 체하고 헛된 명성을 구하는 자라는 비난을 받고 희랍으로 떠난다. 　　　<보병궁 44~46> ② 아테네에 이르러 희랍성자 아폴로의 인도로 여러 현인들을 만나보고 희랍의 여러 교사들을 가르친다. <보병궁 44, 46> ③ 이듬해 이집트 조단에 가서 엘리후와 살로메를 만난 뒤 헬리오폴리스(해의 도시)로 가서 성자들의 모임인 "형제단"에 입회하여 사자의 방에 들어가 갖가지 시험을 마친 뒤 마지막 일곱 번째 방에서 시험을 이겨내고 그리스도(구원의 성자, 사랑의 성자)란 법명을 받는다. <보병궁 47, 55> ④ 다시 알렉산드리아에 있는 파일로 집에 가서 세계 7대 성인(중국의 멘구스테, 인도의 피자빠지, 페르시아의 카스파아, 앗시리아의 아시비나, 희랍의 아

	폴로, 이집트의 맛세노, 희랍의 파일로)의 모임에 참석하여 명상 토론하고 설교하였다. 중국의 멘구스테가 "세계는 지금보다 높은 빛을 기다리고 있습니다." 하니 "나는 죽음에서 살아난 사람의 표현이요, 사람은 누구나 하나님의 아들입니다. 신령한 생활을 하면 누구나 하나님과 함께 편히 쉴 수 있습니다. 그러나 세상에는 그렇지 못한 사람들이 많으니 병자를 고치고 하늘의 영을 관리할 자가 필요합니다. 인간은 지상의 하나님입니다." 하여 아버지와 자식이 한 몸인 것을 말했다. <보병궁 47, 55, 56, 78, 89, 135>
세례 (30세)	요한으로부터 세례를 받고 공생애의 시작을 분명히 한다. "우리가 이와 같이 하여 모든 의를 이루는 것이 합당하다." <마 3 : 13~15> 이때 하늘의 소리가 들리고 성령이 비둘기같이 내려 하나님의 아들임을 인정받다. <막 1 : 9~10, 사 11 : 2, 42 : 1>
세번의 시험을 이기다	세례 후 사람들이 메시야임을 입증코자 시험했고 예수께서는 말씀으로 시험을 이기셨다. ① "네가 만약 하나님의 아들이거든 이 돌들을 떡덩어리로 만들어 보라" "사람이 떡으로만 살 것이 아니요 하나님의 말씀으로 살 것이다" ② 마귀가 성전 꼭대기에 세우고 "여기서 뛰어내리면 사자들이 너를 받들어 보호하리라" "주 너의 하나님을 시험하지 말라" ③ 마귀가 데리고 또 높은 산위로 올라가

	"만일 나에게 엎드려 경배하면 천하만국의 영광을 네게 주리라" "주 너의 하나님께 경배하고 다만 그를 섬기라" 이에 마귀가 물러나고 천사들이 와서 수종드니라. <마 4 : 6~11>
기적	① 배고픈 자가 음식을 공급받고 <막 6 : 30~44> 기적은 참사랑의 실천으로 행하였다. ② 귀신들린 자가 자유를 얻고 <막 1 : 21~28, 3 : 20~30, 5 : 1~17> ③ 병든 자가 고침을 얻고 <막 1 : 40~45, 2 : 1~12, 5 : 21~34>
예수의 적들	① 바리새교인들 (율법주의자들) <요 3 : 1~2> ② 사두개인 <눅 20 : 27>
인연된 사람들	① 12대 제자 <눅 6 : 12~16> ② 세리 <마 9 : 9> 율법사 <마 22 : 34~35> ③ 병자(귀신들린 자) <막 5 : 1~15, 눅 17 : 11~19, 막 2 : 1~12, 막 7 : 25~30> ④ 정치인 <막 15 : 1~15, 막 12 : 13> ⑤ 청년 <막 10 : 17~31> ⑥ 종교지도자 <요 3 : 1~21, 마 26 : 57~68> ⑦ 여인들(눅 8 : 1~3, 10 : 38~42, 7 : 11~17, 눅 21 : 1~4, 요 8 : 1~11, 막 5 : 41~42> ⑧ 행악자 <눅 23 : 39~43> ⑨ 회당장 <막 5 : 22> ⑩ 어부 <마 4 : 18~20> ⑪ 왕과 신하 <눅 23 : 7~11, 요 4 : 46~53> ⑫ 군인, 장관 <눅 7 : 1~10> ⑬ 어린 아이들 <막 10 : 13~16> ⑭ 관리 <눅 22 : 66~71>

	⑮ 부자 <막 10 : 17~23> ⑯ 소경 거지 <막 10 : 46~52> ⑰ 반역자 <요 13 : 1~3, 26~27>
교훈	① 강론 : 산상설교<마 5~7장>, 생명의 떡<요 6장> ② 비유 : <마 13장, 막 12장, 눅 15~18장> ③ 대화 <요 3장> ④ 질문 <마 16 : 13, 15> 주로 "하나님 아버지" "하나님의 나라" "윤리적 가르침" "중재자로서의 자신" "미래에 대한 예언"
죽음과 부활	① 하나님의 뜻으로 ② 自願 ③ 화목의 재물 　※ 복음서 기록 89장 가운데 30장 이상이 　　이에 대한 증언임.
세가지 직분	① 선지자 <요 8, 12, 14, 17장> ② 제사장 <히 3~7장> ③ 진리의 왕 <엡 1, 4, 5장>
수난	① 겟세마네 동산에서 기도 <눅 22 : 39~46> ② 대제사장이 보낸 군인들에게 체포됨 　<요 18 : 3~12> ③ 안나스의 집으로 끌려감 <요 18 : 13~23> ④ 대제사장 가야바에게 심문 받음 <요 18 : 24> ⑤ 빌라도에게 심문 받음 <요 18 : 28~38> ⑥ 베드로의 부인 <마 26 : 69~75, 요 18 : 25~27> ⑦ 채찍질 당하심 <요 19 : 1> ⑧ 군병들이 가시면류관을 씌우고 자색옷을 입힘 　<요 19 : 2> ⑨ 갈대를 오른손에 들고 조롱당함 <마 27 : 29> ⑩ 침 뱉음을 당함 <마 27 : 30> ⑪ 군병들이 손바닥으로 때림 <요 19 : 3>

	⑫ 빌라도에게 다시 심문 당하심 <요 19 : 4~16>
	⑬ 십자가를 지고 골고다에 오르심 <요 19 : 17>
	⑭ 군병들이 쓸개 탄 즙을 줌 <마 27 : 34>
	⑮ 십자가에 못 박히심 <요 19 : 18>
	⑯ 군병들이 옷을 제비뽑아 가짐 <마 27 : 35>
	⑰ 죄수들과 지나가는 사람들께 조롱받음 　　<마 27 : 39~44>
	⑱ 신포도주를 받으심 <요 19 : 29~30>
	⑲ "다 이루었다" 하고 죽으심 <요 19 : 30>
	⑳ 성소 휘장이 찢어짐 <마 27 : 51>
	㉑ 죽은 자들이 살아남 <마 27 : 52~53>
	㉒ 군병들이 옆구리를 질러 물과 피가 나옴 　　<요 19 : 34>
	㉓ 아리마대 요셉이 자기 무덤에 장사지냄 　　<19 : 38~42>
부활	① 죽음에서 살아나 막달라 마리아에게 나타남 　　<막 16 : 9> ② 제자들에게 나타남 <눅 24 : 34> ③ 안식 후 첫날 저녁 함께 모인 제자들 있는 곳에 　　나타남 <막 16 : 14, 눅 24 : 36~49, 요 20 : 19> ④ 도마에게 나타남 <요 20 : 26~29> ⑤ 디베랴 바다에서 제자들에게 나타남 <요 21 : 15> ⑥ 베드로에게 "네가 나를 사랑하느냐" 3번 물으심 　　<요 21 : 15~19> ⑦ 500 여형제들께 보이심 <고전 15 : 6> ⑧ 친동생 야고보게 나타남 (고전 15 : 7) ⑨ 감람산에서 마지막 나타났다가 승천하심 　　<막 16 : 19, 눅 24 : 50, 52, 행 1 : 9~11>
칭호	① 그리스도(메시야) : 기름 부음 받은 자 ② 예수 : 개인적 이름(여호와가 구원하신다) ③ 어린양 : 죄값으로 치러진 희생물

	④ 주 : 선생님, 존칭사 ⑤ 선지자 : 권위를 부여받은 자 ⑥ 랍비 : 위대한 선생님 ⑦ 목자 : 선한 목자 ⑧ 다윗의 아들 : 메시야가 다윗의 가계에서 나온다고 했던 예언의 칭호 ⑨ 인자 : 예수님의 인성(人性)을 반영한 칭호 ⑩ 하나님의 아들 : 성부와의 관계에서 ⑪ 말씀 : 계시자 ⑫ 교회의 머리 : 교회와의 유기적 관계 ⑬ 종 : 고난 받는 종

* 부활에 대한 구체적인 기사는 "성혈과 성배"를 통해 영국 법정에서 분명히 가려져 영국중앙방송 BBC에서 3회 방영한 바 있다.

▥ 기독교의 화두(話頭)

화두는 언어 이전 진실을 규명하는 수학이다.

이것이 풀리면 기독교의 문제되는 사상은 말할 것도 없고 전 우주 인생의 모든 문제가 한꺼번에 풀리게 되어 있다.

불교에서는 1700가지로 설명하고 있으나 여기서는 66가지만 간추려 정리해 보겠다.

그러나 이것은 저자가 만들어 낸 것이 아니고 2천년 기독교 교역자들이 문제를 제기하였던 화두들이다.

1. 천지창조

태초에 하나님은 천지를 창조하였다.

그 하나님은 누가 창조하였는가.

<창세기 1:1. 톨스토이>

2. 남자와 여자

흙으로 사람을 지어 동산에 두시고 그의 갈비뼈를 빼내 여자를 만들었다. 그런데 여자가 뱀의 유혹으로 선악과를 따먹어 동산에서 쫓겨났다.

<창세기 2:18~3:7>

※ 하나님은 지극히 선하고 전지전능하신 분이라 하는데 어떻게 그 속에서 뱀 같은 것이 나와서 사람을 타락시킬 수 있다는 말인가.

그리고 선악과를 심으면 장차 따먹을 것이라는 것을 알고

심었으면 지극히 착하다 할 수 없고 모르고 심었다면 전지전
능하다고 볼 수 없다는 것이다.

3. 가인과 아벨

아담의 자손 가인은 농사를 짓고 아벨은 양을 길러 각기
자기 소산으로 하나님께 제사를 올렸는데 아벨 것은 즐겨 받
았으나 가인 것을 받아주지 않아 가인이 아벨을 죽이니 이것
이 인류 최초의 살인이 되었다.

<창세기 4:1~9>

4. 죄악의 세상

죄악이 세상에 가득하매 40주야를 비를 내려 노아의 가족
만 남기고 모든 생명을 다 죽여 버렸다.

<창세기 6:5, 8:22>

5. 피와 고기

"고기를 그 생명 되는 피채 먹지 말 것이니라. 내가 반드시
너희 피 곧 너희 생명의 피를 찾으리니 짐승이면 그 짐승에
게서, 사람이나 사람의 형제면 그에게서 그의 생명을 찾으리
라." 하여 생명의 존중을 말씀하셨다.

<창세기 9:1~17>

6. 노아의 저주

노아가 포도주를 마시고 취해 벌거벗고 있자 가나안의 아
비 함이 보고 셈과 야벳에게 말하여 옷으로 덮어 주었는데
노아가 저주했다.

“가나안은 저주를 받아 그 형제의 종들의 종이 되기를 원하노라.”

<창세기 9:18~29>

7. 언어의 혼잡

노아의 자손들이 번성하여 언어도 하나요 말도 하나였는데 바벨탑을 높이 쌓아 그들의 이름을 내고자 하자 하나님이 이를 보시고 내려와 그들의 언어를 혼잡케 하여 그 일을 그치게 하였다.

<창세기 11:1~9>

8. 생자의 기적

아브라함이 자식 없이 외롭게 지냈는데 아내 사라가 종 하갈을 첩으로 주어 하갈이 이스마엘을 낳게 되었다. 후일 사라가 하나님의 약속대로 아들 이삭을 낳고 젖을 떼는 날 잔치가 베풀어졌는데 이스마엘이 이삭을 놀렸기 때문에 하갈과 이스마엘이 쫓겨났다.

<창세기 16장, 21장>

9. 모압족과 암몬족

소돔성이 무너질 때 롯의 가족만 남았는데 롯의 아내가 뒤를 돌아보다 소금기둥으로 변하니 두 딸이 아버지에게 술을 먹여 자손을 번식, 모압족과 암몬족의 시조가 되었다.

<창세기 19장>

10. 이삭의 쌍둥이 형제

이삭이 40세에 리브가를 취하여 쌍둥이 에서와 야곱을 낳았는데 야곱이 팥죽 한 그릇으로 장자권을 탈취하였다.

<창세기 25장, 26장>

11. 요셉의 지혜

야곱의 아들 요셉이 특별히 사랑을 받다가 형들에 의해 미디안 상인들에게 팔려가 애굽의 시위대장 보디발의 가정 총무가 되었는데 보디발의 아내가 거짓 증언으로 감옥에 갇히게 되었다. 그런데 그때 바로의 술 맡은 자와 떡 굽는 자가 죄를 지어 감옥에 함께 있게 되었다. 하루는 꿈 이야기를 하여 술 맡은 자는 살고 떡 굽는 자는 죽을 것이라고 해몽해 주었는데 그 해설이 맞자 이상한 꿈을 꾼 바로가 해석을 부탁하여 애굽의 총리가 되었다.

<창세기 37장~45장>

12. 초태생의 주인

사람이나 짐승이나 초태생은 모두가 하나님의 것이다.

<출애굽기 13:12>

13. 모세의 기적

모세가 지팡이 하나로 홍해를 가르고 쓴물을 단물로 만들었으며 만나와 메추라기로 굶주린 자를 배불리 먹이고 호렙산 반석에서 생수가 터지게 하였다.

<출애굽기 12장~17장>

14. 질투의 신

나 여호와 너의 하나님은 질투하는 하나님인즉 나를 미워하는 자의 죄를 갚되 아비로부터 아들에게로 삼·사대까지 이르게 할 것이다.

<출애굽기 20:5>

15. 화목제와 속죄제

화목제 때는 흠 없는 양과 소를 회막 앞에서 잡아 기름을 태워드리고, 속죄제때는 숫송아지를 잡아 그 피를 일곱 번 성소에 뿌린다.

<레위기 3장~4장>

16. 죄와 벌

레위의 자손들이 당을 짓고 반기를 들자 여호와께서 땅을 벌려 그들과 그들의 재물을 삼켜 버렸다.

<민수기 16장>

17. 원수의 보복

여호와께서 이스라엘의 원수를 갚으라 하여 미디안의 모든 남자와 에위, 레겜, 수르, 후르, 레바 등 미디안의 다섯 왕들을 칼로 죽이고 성읍을 불사르고 부녀들과 아이 재물을 노략하였다.

<민수기 31장>

18. 약속

여호와는 약속대로 모든 것을 이행한다.

<여호수아 11:15>

19. 사람의 생각

사람의 생각에는 옳은 것도 있고 그른 것도 있어 죄와 복을 한꺼번에 짓는다.

<사사기 21:25>

20. 효부 룻

어머니의 백성이 나의 백성이 되고 어머니의 하나님이 나의 하나님이 되십니다.

<룻기 1:16>

21. 선지자들의 역할

순종이 제사보다 낫다.

<사무엘상 15:22>

22. 언약

네가 네 아비와 같이 마음을 온전히 하고 바르게 하면 흥할 것이고 그렇지 아니하면 망할 것이다.

<열왕기상 9:4~5>

23. 내 백성

내 백성이 악한 길에 떠나 내 얼굴을 구하면 내가 듣고 그 죄를 사하고 그 땅을 고치리라

<역대하 7:14>

24. 참신

이스라엘 하나님은 참신이다.

<에스라 1:3>

25. 성의 역사

성의 역사가 끝나니 이방인들이 듣고 낙담하였다.

<느헤미야 6:15~16>

26. 하늘의 하나님

하나님은 불의를 행하지 않는다. 오직 고통과 시련이 있을 뿐이다.

<욥기 36장>

27. 아름다운 노래

여호와의 이름에 합당한 영광을 돌리며 거룩한 옷을 입고 여호와께 경배할지어다.

<시편 29:2>

28. 지혜

여호와를 경외하는 것이 지혜의 근본이요 거룩하신 자를 아는 것이 명철이니라.

<잠언 9:10>

29. 참 즐거움

사람이 먹고 마시며 수고하는 가운데서 심령으로 낙을 누리게 하는 것보다 나은 것이 없나니 내가 이것도 본즉 하나님의 손에서 나는 것이로다.

<전도서 2:24>

30. 교제

사랑은 죽음 같이 강하고 투기는 음부같이 잔인하다.

<아가 8:6~7>

31. 구원

한 아이가 우리에게서 났고 한 아들을 우리에게 주신 바
되었다.

<이사야 9:6>

32. 위안

이스라엘이 종이냐 씨종이냐 어찌하여 포로가 되었느냐.

<예레미야 2:14>

33. 죄악

여호와께서는 이미 정하신 일을 행하시고 명령하신 말씀은
다 이루셨다.

<예레미야애가 2:17>

34. 구원

내가 너희를 열국 중에서 인도하여 내고 정결케 하시니 내
율례를 지키면 내 백성이 된다.

<에스겔 36:24~28>

35. 지자(智者)

그는 깊고 은밀한 일을 나타내시고 어두운데 있는 것을 아
시며 또 빛이 그와 함께 있도다.

<다니엘 2:22>

36. 불의(不義)

이스라엘이여, 내가 어찌 너를 버리겠느냐. 내 마음이 내 속에서 돌아서 나의 긍휼이 온전히 불붙듯 하도다.

<호세아 11:8>

37. 회개

두려운 날이 이르기 전에 해가 어두워지고 달빛이 핏빛같이 변한다.

<요엘 2:31>

38. 목마름

양식이 없어 주림이 아니며 물이 없어 목마른 것이 아니다.

<아모스 8:11>

39. 심판

야곱 족속은 불이 될 것이요 요셉 족속은 불꽃이 될 것이며 에서 족속은 초개가 될 것이라.

<오바댜 1:18>

40. 회개

니느웨 백성이 금식을 하고 베옷을 입으니 하나님이 이를 보고 재앙을 내리지 않았다.

<요나 3장>

41. 주의 행

주께서는 죄악을 사유하시며 그 기업의 남은 자의 허물을 넘기시며 인애를 기뻐하심으로 노를 항상 품지 않으신다.

<미가 7:14>

42. 진노

여호와는 투기하시며 보복하시는 하나님이시니라. 여호와는
보복하시며 진노하시되 자기를 거스리는 자에게 보복하시며
자기를 대적하는 자에게 진노를 품으신다.

<나훔 1:2~3>

43. 의인

의인은 믿음으로 산다.

<하박국 2:4>

44. 영광

나중의 영광이 이전 영광보다 크다.

<학개 2:9>

45. 준비하라.

너희는 내게로 돌아오라. 나는 만군의 여호와다.

<스가랴 1:3>

46. 경외

하나님의 이름을 경외하는 자에게는 의로운 해가 떠오르는
것 같다.

<말라기 4:2>

47. 메시야

주는 그리스도시요 살아계신 하나님의 아들이십니다.

<마태복음 16:16>

48. 인자(人子)

인자가 이 세상에 온 것은 잃어버린 자를 찾아 구원하기 위해서다.

<누가 19:10>

49. 성령의 능력

오직 성령이 너희에게 임하시면 너희가 권능을 받고 땅 끝까지 이르러 내 증인이 되리라.

<사도행전 1:8>

50. 의인

의인은 믿음으로 산다.

<로마서 1:17>

51. 선 자(立者)

그런즉 선 줄로 생각하는 자는 넘어질까 조심하라.

<고린도전서 10:12>

52. 속임수

누가 철학과 헛된 속임수(금욕주의)로 너희를 노략할까 주의하라. 그리스도 안에는 신성의 모든 충만이 육체로 거하시고 너희도 그 안에서 충만하여졌다.

<골로새서 2:8~10>

53. 재림

죽은 자들 가운데서 다시 살리신 그의 아들이 하늘로부터 강림하심을 기다린다고 말하니 이는 예수시니라.

<데살로니가전서 1:10>

54. 교회

이 집은 살아계신 하나님의 교회요 진리의 기둥과 터이다.

<디모데전서 3:15>

55. 용서

종과 같이 아니하고 종에서 뛰어나 곧 사랑 받는 형제로 둘 자라. 그러므로 저를 영접하기를 내게 하듯 하라.

<빌레몬서 1:15~17>

56. 실상

믿음은 바라는 것들의 실상이요 보지 못한 것들의 증거다.

<히브리서 11:1>

57. 완전한 행위

행함이 없는 믿음은 영혼 없는 몸과 같다.

<야고보서 2:17~26>

58. 인고

그리스도는 육체의 고난으로 마음의 갑옷을 삼으셨으니 무법자들의 미혹에 이끌리지 말라

<베드로전서 4:1, 베드로후서 3:17>

59. 아들

하나님의 아들이 있는 자에게는 생명이 있고 아들이 없는
자에게는 생명이 있다.

<요한일서 5:11~12>

60. 긍휼

사랑 안에서 자기를 지키며 의심하는 자들을 긍휼히 여길
지어다.

<유다서 1:21~22>

61. 새 하늘

내가 새 하늘과 새 땅을 보니 처음 하늘과 처음 땅이 없어
졌고 바다도 다시 있지 않더라.

<요한계시록 19:11, 21:1>

62. 예수의 인도 유학

예수는 17년 동안 인도에 유학하였다. (오릿사주 왕족 라반
나의 안내로 자간나스 사원에 들어가 의사 우도라카에게 자
연 의술을 전수받고 불교 사원에 가서 이사스님이 되어 성자
피자빠지에게 많은 것을 배운 뒤 티베트 멘구스테에게 기적
을 일으키는 신통을 배웠다.

<토마스 전서 www.google.com-tombotjesus>

63. 요셉의 가정

요셉의 가정은 나사렛 마미온 거리에 있었다. 마리아는 그

의 아들 예수에게 엘리후와 살로메로부터 얻은 교훈과 불경 및 힌두교 경전(베다)을 가르쳤다.

<보병궁 36:1~4>

64. 고향소식

갠지스 강가에서 대상들로부터 아버지의 서거소식을 듣고 24세에 동방박사(마니교 승려) 3인을 만나고 25세에 이집트 헬리오폴리스(해의 도시)에 들어가 형제단에 입단. 성실·공정·신앙·박애·의열·성애의 단계로 진실과 용기로 극복하고 애굽불교의 신비와 바깥세계(태양계)의 비밀을 배운 뒤 보랏빛 방에서 일곱 번째 시험을 거쳐 하나님의 사람 '그리스도'란 법명을 받았다.

<성약성서 30장>

65. 순교시의 진언

인간의 절대 평등과 신성을 부르짖으며 갖가지 이적을 통해 군중들을 구제하다가 유대교인들의 저주로 십자가에 처형됐다. 마지막 그는 "엘리 엘리 라마 사막다니"라는 주문을 외웠는데 서양사람들은 "하나님이여 저를 버리시나이까"로 해석하였으나 티베트사람들은 "위대한 지혜를 보여주십시오."라는 주문이라 하였다.

<예수님의 잃어버린 세월>

66. 성혈(聖血)과 성배(聖杯)

성혈과 성배는 예수님께서 마지막 입었던 옷과 유품에서

나온 것인데 1891년 프랑스 남부 렌느 르 샤토 마을 기사단성당 시온에서 나왔다. 베랑제르 소니에르 신부가 폐허된 성터를 복원하다가 발견한 것인데 이 외에도 양피지 문서 보물들이 많이 나왔다. 이들 문서에 의하면 예수님께서 십자가에서 숨을 거둔 것이 아니고 예수의 처남 아리마대 요셉이 유대총독 빌라도의 승낙을 받아 동굴 속에 안치했다가 병사들의 호위 속에 프랑스로 망명, 골지방에서 막달라 마리아와 그 자녀들과 은둔생활을 하며 84세까지 살다가 죽어 몽 카르두에 묘지를 썼다는 것이다.

BBC방송에서 이 자료를 확인, 부분적으로 세 차례 방영했는데 그것을 정리한 책이 "성혈과 성배"인 것이다.

마리아는 렌느 르 샤토에서 교회를 세워 교구장을 지내다가 프랑스 액생 프로방스 생봄에서 죽었으며 예수님의 제자 나사로는 마르세유에 겔트 교회를 세워 주교로 있다가 죽었다. 예수의 후손들은 4세기 후에 프랑크 왕국의 메로빙왕조에 동화되어 카롤링거 왕조의 비치코트카둥 8개 가문을 이루었으나 기독교가 번성하므로 스스로 그 혈통을 숨겨왔다는 것이다.

1099년 예수의 후손으로 추정되는 고드프로아 드 부이용이 십자군 전쟁 때 십자군이 세운 예루살렘 왕국의 왕이 되어 다윗왕을 계승한 것으로 되어 있고 그 외에도 예수의 친척의 징표를 가진 사람들이 영국 프랑스 유럽 각지에 현재도 살고 있다는 것이다.

BBC 방송으로 문제가 된 "성혈과 성배"는 사회적 물의를 일으켜 천주교인들의 사실 확인 소송이 제기되어 3년간 심리하다가 프랑스에 살고 있는 27대 후손 피에르 프랑타르 씨의 증언을 토대로 족보책을 보고 묘지를 확인하였다.

이 기사는 1982년 2월 20일자 동아, 조선, 중앙, 부산일보에서 사진 3매와 같이 실은 일이 있다.

그러나 이것은 나의 어리석은 생각이다.

예수님은 하나님의 자손이 아니라 하더라도 우리 인류 역사 가운데 그렇게 훌륭한 인격을 가진 분이 없다. 부활을 했든지 안했든지 그 때 당시 인도 티베트로 유학하여 의학과 신통을 배우고 또 이집트에 들어가서 세계 최고의 인격자들과 함께 공부하고 거기서 "그리스도"란 명예를 받아 인증을 얻었다고 하는 것은 세계 어느 곳에서도 찾아보기 어려운 인격자다. 내가 불교 스님이라 하여 예수가 이사스님이 된 것을 특별히 생각해서가 아니다.

인도사상은 신학이나 철학으로 볼 때 세계 최첨단 과학적인 세계를 걸고 있다. 거기서 4민 차별을 보고 과감히 그 종교를 버리고 불교로 개종할 수 있었다는 사실, 인도와 티베트에서 불교를 배웠지만 유럽에 와서는 그 같은 모습과 방법으로서는 민중을 교화할 수 없었기 때문에 갖가지 방편을 쓰다가 결국에는 십자가에 못이 박히는 고생까지 했다.

또 어떤 사람들은 예수가 결혼했다는 것에 대하여 공개하는 것을 꺼려하는 사람도 없지 않은 것 같은데 그 인격이 훌륭했으면 됐지 가정생활을 가지고 따질 필요는 없다고 본다. 죽음의 자리에 따라갈 수 있는 여인, 죽음의 십자가에서 꺼내 그 뒷일을 처리해 줄 수 있는 처남이 있다는 것만 해도 훌륭한 가문이 아닌가.

  세속적인 관념에 의해서 예수님을 평가할 시대는 지났다고 생각된다. 문제는 예수님을 팔아 세계를 정복하고 많은 인명을 손상시킨 사람들이 있으니 불미스럽기는 하지만 지금부터 100년 전만 해도 세계는 힘에 의해 정복하고 사는 세상이었기 때문에 시대적인 상황을 이해한다면 그들을 능가할 수 있는 능력을 기르지 못한 것을 한탄할지언정 옛 역사를 가지고 왈가왈부해서는 안 된다고 생각한다.

  다만 피해를 받고 피해를 준 사람들이 서로 사과하고 참회하여 어느 정도 대가를 치를 수 있는 사회가 된다면 그 사회가 그대로 예수님이 바라는 천당이요 극락이 아니겠는가.

⦀ 발문(跋文)

　　나는 일찍이 유교적 가정에 태어나 아버지에게 한문을 배우고 서당에서 공맹(孔孟)사상을 익혔다. 목포로 유학 가 외갓집에 하숙하면서 바로 옆집에 오순절교회가 있어 다니면서 산상수훈을 배웠다.

　　그리고 중학교 2학년 때 형님께서 복막염을 알아 목포성당 병원에서 치료하였는데, 천주교 신자가 되면 의료비를 깎아준다 하여 형님을 천주교에 입적시키면서 몇 차례 강도를 받은 일이 있다.

　　그런데 그 뒤 불교에 입문하여 대장경을 열람하다 보니 신약성서와 비슷한 구절이 많았고, 특히 천주교 사제들의 의상과 불교스님들의 의상 및 용어, 그리고 기독교 사상과 일맥상통한 점을 발견하게 되었다.

　　그런데 1981년 안덕암 스님을 모시고 인도에 갔다가 뜻밖에 예수님의 발자취를 발견하고 도마복음서가 결코 외서만이 아닌 것을 알게 되었는데, 그 뒤 영국의 대영박물관·불란서 루브르박물관·로마 법왕청박물관에서 보병궁복음서를 봄으로써 예수님께서 초기에 입었던 옷이나 티베트 스님들이 입은 옷이 너무도 닮은 것을 알게 되어 신구약서를 불교적 측면에서 다시 이해하게 되었다.

1. 의복·의식·도구의 흡사점

첫째, 의복은 부처님과 스님들께서 입은 가사와 예수님의 초창기 옷, 신부들의 예복이 흡사함을 발견하였고

둘째, 지도자로서의 생활이 거의 같다는 것이다.
원칙적으로 출가한 스님들과 천주교의 성직자는 결혼을 하지 않고 독신으로 따로 사업을 경영하지 않으며 주는 대로 먹고 입고 구도 전법하는 생활을 하고 있었다.

셋째, 신자들의 이름을 보면 원칙적으로 집을 나선 사람은 본래 집에서 지어준 이름을 쓰지 않고 계나 세례를 받은 사람은 수계명 또는 세례명을 받는다는 사실이다. 불교에서는 그것을 불명 또는 법명이라 부르고, 천주교에서는 세례명 또는 '거듭 태어난 이름'이라 불렀다.

넷째, 중생(重生)에 관한 것인데, 불교에서는 참되고 한결같은 진여(眞如)가 인연 따라 나타나므로 법신과 응신(응신을 다시 보신과 화신)으로 나누는데, 기독교에서는 죽어서 다시 살아나는 것(영적 생활)을 부활이라 부르고 있었다. 또 불교에서는 일심을 체·상·용으로 나누어 불·법·승 3보로 부르고 있는데, 기독교에서는 성부·성자·성령으로 부르고 또 믿음과 소망·사랑이라고 하여 그를 의지처로 삼고 있었다.

다섯째, 배광(背光)에 관한 것을 보면 부처님께서는 신광(身光)과 두광(頭光)·후광(後光)이 있는데, 천주교에서도 예수님

상에 두광을 그려 그 모습이 불상과 매우 흡사하였다.

　여섯째, 공양물에 관한 것인데 예배의식을 할 때 불교에서는 향·초·다·과 등 여섯 가지 공양물을 올리는데, 천주교에서는 향과 초를 광명·희생·헌신의 상징으로 쓰고 있었다.

　일곱째, 세례(洗禮)에 관한 것이다. 불교에서는 도량을 청정히 할 때, 관욕·욕불식 때 물을 쓰는데, 기독교에서도 세례식 때 물을 사용하고 있었다.

　여덟째, 수장의 이름에 관하여 보면 불교에서나 기독교에서 한 단체의 어른을 '장로'라 부르는 것이 같았고, 현세의 호칭을 '말세', 혹은 '악세'라 부르는 것도 같았으며, 이상세계를 '천당'·'극락', 악의 세계를 '지옥'이라 부르는 것도 같았다.

　아홉째, 도구를 보면 절에서 공부할 때 쓰는 도구, 즉 염주·요령이 천주교에서는 묵주·요령으로 불려지고 있었으며, 악의 신을 불교에서는 '아수라'라 부르는데, 기독교에서는 '악신'(사탄)이라 부르고 있었다.

　열째, 찬양의 언구와 기타 명칭도 비슷한 것이 많았다. 불교에서는 부처님을 찬양하는 것을 '찬불가'라 하는데, 기독교에서 하나님과 예수를 찬양하는 것을 '찬송가'라 불렀다. 그리고 성지 이름도 '에덴동산'·'룸비니동산' 하여 동산으로 통하고, 성자들의 어머니 이름도 '마야'·'마리아'라 하여 근사치가 있었다.

이러한 것들을 어떤 논문에서는 30가지 내지 80가지를 들고 있으나 그것은 대부분 피상적인 것이고, 성경의 내용으로 풀어가다 보면 더욱 놀라운 구절이 많다.

2. 교리적인 사상의 비교

첫째, 삼신사상.

앞에서 말씀드린 바와 같이 불교에서는 일심의 체상을 체·상·용으로 구분하여 그것을 인격적으로 설명할 때는 법신불·보신불·화신불로 설명하는데, 기독교에서는 성부와 성자·성령으로 구분하고 있었다.

이것은 대승불교의 표적(標的)이 될 뿐 아니라 예수님께서 인도에 왔을 때 한참 유행하던 종교사상이었으므로 영향을 받았을 것으로 생각된다. 물론 그 사상이 학문적으로 정립된 것은 훨씬 뒤의 일이지만 말이다.

둘째, 메시야사상.

메시야(구세주) 사상은 불교의 말세론에 나타나는데, 부처님 당시 마이테리아가 왔을 때 "너는 얼마 후에 있다가 죽어 도솔천에 올라갔다가 56억 7천만년 뒤에 태어나 내가 제도하지 못한 중생들을 제도할 것이다." 하였는데, 그 이유를 두 가지로 설명하고 있다.

①은 단명보니 "네가 이 세상에서 일찍 죽는 것은 태어날 때 많은 생명을 죽인 탓이니 너희 삼촌이 너희 생명을 바꿔치기한 까닭이다. 네가 처음 태어났을 때 천문에 밝은 바라문

들이 보니 동쪽하늘에 없던 별이 생겼다. 장차 이 별이 성숙
해지면 지상의 왕권에 도전할 염려가 있다고 하여 그 별이
생긴 날짜를 전후하여 태어난 아이들을 모두 잡아 죽인 일이
있다. 그런데, 그 일을 담당했던 너희 삼촌이 너를 절로 보내
숨기고 노예의 아들을 대신 바꿔치기 하여 죽인 까닭이다.”
　②는 원력이니 “네가 전생에 나와 함께 도를 닦을 때 석가
부처님이 제도하지 못한 중생들을 내가 마저 제도하겠다고
서원하였으므로 내 다음의 후계자로 보처보살이 된 것이다.
그러니 너는 정법·상법·계법이 지난 뒤 인간의 수명이 8만4
천세일 때 용화세계에 태어나 3회의 설법으로 모든 중생들을
빠짐없이 제도할 것이다.” 하였는데, 이것은 예수님이 다시 태
어나 세상을 심판하고 새로운 천국을 간섭한다는 내용과 일
치한다. 뿐만 아니라 예수가 태어났을 때 동방박사들이 찾아
와서 예를 올린 일과 일치한다. 그리고 말세가 되면 가짜 성
인들이 나타난다고 한 말도 일치한다.

　셋째, 우주인에 대한 설화.
　예수가 이스라엘 백성을 구제하기 위하여 하나님의 아들로
있다가 지상으로 내려왔다는 설화는 우리나라 단군신화와 비
슷하지만 석가모니 부처님께서 도솔천 내원궁에 계시다가 이
세상에 태어났다 하는 것과도 일치한다.
　그러므로 두 교주는 지상 출신이 아니고 이방인임을 알 수
있다. 그러나 선문염송에 “미이도솔(未離兜率)”의 설화가 있다.
“도솔천을 떠나지 않고 어머니 태에 드시고, 어머니 태에서
태어나지 않고 모든 중생을 다 제도했다.”고 하였다. 이것은
기독교의 성령사상과 성신과 일치한다. 부처님은 마음의 입장

에서 볼 때는 도솔천에 있을 때나 이 세상에 태어날 때나 그 마음이 그 마음이니, 마음 그 자체로 볼 때는 시공을 초월한 전 우주적인 존재라는 것이다. 하나님과 예수님도 마찬가지다.

따라서 이 설화는 두 성자가 부모와 관계없이 잉태하여 처녀 탄생한 것을 증명한 기사가 될 수 있다. 그러나 예수·석가만 그런 것이 아니고 성령의 입장에서 보면 모든 중생이 똑같이 그러하다는 것을 알 수 있다.

넷째, 교주들의 총명예지한 지혜.

사람은 태어나면서부터 잘 아는 생이지지가 있고, 후천적으로 공부하여 알게 되는 천재가 있는데, 예수님이나 석가는 선생님이 필요없을 정도로 모든 학문에 정통하고 깨달음을 얻었다 한다. 이 같은 설화는 불경의 「과거현재인과경」이나 기독교의 「누가복음 2장 1 : 1~50」에 보면 두 성자가 일치함을 알 수 있다.

이 같은 설화는 아시타 선인의 관상과 3가섭의 귀의로서도 잘 나타나고 있는데, 기독교에서는 요한의 세례식에도 분명히 드러나고 있다.

"싣달태자는 32상 80종호를 갖추었으므로 집에 있으면 전륜성왕이 되고, 출가하면 부처가 되어 삼계도사 사생자부가 될 것입니다."

하였는데, 요한이 예수께 세례할 때 하늘에서 "너는 나의 아들이라." 하는 말이 들려 왔으므로 "이 자가 곧 메시야다." 하면서 그의 제자들과 함께 귀의하였다.

다섯째, 고향에서의 푸대접.

예수님이 고향에 갔다가 형제들에게 외면당하고 고향사람

들에게 버림받은 일이 있는데, 부처님도 고향에 돌아갔다가 이틀 동안 밥을 얻어먹지 못하는 고난을 겪었다. 성자들은 대부분 고향에 가서 축복받지 못한다는 것은 동서의 공통분모인 것 같다.

여섯째, 버림 받은 여인들에 대한 이야기.

불교의 능엄경은 불가촉천민 마등가가 아난존자를 만나 사랑하는 장면이 나오는데, 부처님께서 그를 구제하여 총명제일 비구니가 되게 하였다. 그런데 성경에는 사음한 사마리아 여인이 돌팔매를 맞고 죽게 된 것을 예수님께서 "그대들 마음에 음심이 없는 사람이라면 그 여인에게 돌을 던지라." 하여 그를 구제한 일이 있다. 네 번 시집갔다가 비구니가 된 우판나반나와 일곱 형제와 내리 사랑을 한 "형수가 마지막 생천해서는 누구의 아내가 됩니까?" 물은 사연도 너무나 흡사하다.

일곱째, 탕자의 이야기와 장자궁아 이야기.

법화경의 장자궁아는 아버지를 잃어버린 아이가 50년 동안 거지가 되어 유랑하다가 마침내 청소부·머슴·창고지기가 되었다가 그 집 재산을 상속받는 귀한 자식이 되는데, 이 이야기는 성서 가운데 거지아이가 탕자로 나올 뿐 조금도 개작(改作)된 것이 없다.

성경에는 이와 같은 내용의 비유설화와 인연설화들이 수없이 나오는데, 특히 '겨자씨 이야기'나 '가난한 여인의 헌금'과 '등불' '여러 가지 곡식에 대한 비유'가 일치하는 것이 많다.

여덟째, 이적의 근사치.

성경에 예수가 그의 제자 베드로와 함께 꿀과 떡과 고기를 축사해서 수천 대중을 먹여 살리는 이적이 나타나는데, 부처님은 갠지스강가에서 배를 타지 않고 물위를 건너갔으며, 사위성 기수급고독원에서 천불의 화현으로 사람들을 놀라게 하고, 망고씨를 일시에 싹트게 하여 그 과일을 만인이 나누어 먹었으며, 수천 수만의 아귀 떼들은 변식진언 등 4다라니로써 배를 채우고, 목마름을 없애준 일이 있다.

아홉째, 기타 인과응보에 대한 법문.

'콩 심은 데 콩 나고 팥 심은 데 팥 난다'는 말과 같이 스스로 지어 스스로 받는 인과는 누구도 속일 수 없다는 사실과 선행하면 복을 받고 악행하면 고통을 겪게 된다고 하는 천상·극락·지옥사상은 두 경(성경과 불경)이 거의 다 일치한다.

그리고 '복의 근원은 마음먹기에 달렸으니 마음을 깨끗하게 복되게 쓰라.'고 가르치는 것도 틀리지 않는다.

"가난한 사람, 병든 이를 돕는 것은 곧 나를 돕는 것과 같다." 하신 말씀도 일치한다.

열째, 법과 불, 성과 신.

"법을 보는 자는 나를 보고, 나를 보는 자는 법을 본다."라고 한 불경의 말씀이나 "나를 보는 자는 나를 보내신 이(하나님)을 보는 것이다."라고 한 성경의 말씀도 일치한다.

성경의 "나는 길이요 진리요 생명이다."라고 한 말씀이나, 불교의 "자등명 법등명" "자귀의 법귀의"와 일치하며, "계로써 스승을 삼고 피난처를 삼으라.”한 말도 일치한다.

　열한째, 말세론.
　불교에서는 정법·상법·계법의 셋으로 나누고, 이것을 천년을 기준하여 설명하고 있는데, 기독교에서는 2천년을 기준하여 12궁으로 나오고, 한 궁은 사도시대·율법시대·현성시도로 구분하기도 하였다.
　특히 말세 때는 교회·사찰의 기업화와 성도 승려들의 타락을 강조하고, 기독교에서는 반드시 신의 심판이 있다고 말하지만, 불교에서는 지옥·아귀·축생·인간·아수라·천이 차차 없어져 모두 광천 이상의 세계로 모여진다고 이야기하고 있다.
　이외에도 믿는 자들이 남의 절이나 교회, 스님이나 교역자를 보고 흉내 내어, 각자 능력에 따라 아는 대로 포교하고 실천하다 보니 여러 가지 파벌(종파)이 형성되었으니 이러한 파벌을 보지 말고 성도·승가 대중을 위해 희생 봉사할 것을 간절히 부탁하고 있다.

　만약 낱낱이 예를 들어 설명한다면 성경 68권(도마복음, 보병궁복음서 포함)과 불경 8만4천 법문을 다 비교해야 하므로 여기서는 이런 정도로 그친다.
　이로써 보면 기독교와 불교는 하루아침에 만난 종교가 아니고, 오랜 세월을 두고 서로 주고받으며 은연중에 영향을 받은 종교들이다.
　그런데 이런 역사를 잘못 알고 있는 일부 교도들 가운데는 오직 자기 것만 옳다고 믿고 남의 말을 믿지 않으며, 믿지 않

을 뿐 아니라 도리어 사탄시·이단시 하여 업신여기고 배척
하니 이래가지고서야 어떻게 세상을 평화롭게 만들 수 있겠
는가.
　중동지방의 전쟁이 거의 기독교와 이슬람 전쟁이고, 유럽
천년의 암흑역사가 맹목적인 종교 속에서 배태되었다는 사실
을 역사가 증명하고 있다.

　불교는 무조건 우상을 숭배하여 기복하는 종교가 아니다.
인류의 스승 중 받들 만한 어른이 있으면 그 모습을 조각하
여 숭배하고 그의 정신을 계승코자 노력하는 것이다. 이것이
어찌 우상이며 사탄이란 말인가. 가정에서는 부모가 우상이고,
학교에서는 스승이 우상이며, 사회에서는 위인·열사·성현·
군자들이 우상이다. 우상이 없이는 본받을 만한 대상이 없기
때문이다. 요즈음 세상에 모불모(模不模)·범불범(範不範)이 많
아 신발을 버리고 패션을 잘못하는 경우가 많은데, 오히려 지
성을 자칭한 사람들이 어리석음을 범하는 일이 많다는 것은
세상이 잘 가르쳐주고 있다.
　예수와 부처님은 이 세상 성현 가운데 성현이다. 이 세상
일 뿐만 아니라 저 세상 일까지도 분명히 가르쳐 삼세인과를
밝히고 천당 지옥을 밝혔으며, 하늘의 뜻이 나변에 있는가를
분명히 깨닫게 하였다.
　기독교의 2천년 역사는 거의 전쟁의 역사요, 살육의 역사이
며, 정복의 역사이다. 이것은 사랑스런 성자를 전쟁의 발판으
로 삼아 세계를 정복한 서양의 오발탄이다. 나는 미국의 한
모 목사님이 쓴 「기독교 죄악사」라는 책을 읽고 새삼스럽
게 놀란 일이 있다. 이렇게 많은 죄를 짓고 이렇게 많은 생명

을 죽여가면서도 털끝만큼도 뉘우칠 생각을 하지 않고 오히려 나만 옳고 남은 그르다고 하고 있으니 이보다 더 큰 어리석음이 어디에 있다는 말인가. 하나님도 통탄할 일이다.

태어날 때는 실오라기 하나 걸치지 않고 발가벗고 태어난 사람들이 하늘의 물건을 제 것인 양 마음대로 쓰고 파괴하고 오염시키면서도 부끄러워할 줄 모르니 어찌 노아의 홍수가 두렵지 않고 소돔성의 재앙을 생각하지 아니할 수 있겠는가.

예수님은 정의(正義) 밖에 남의 일을 방해하고 핍박한 일이 없다. 그런데 요즘 와서 불상 불구를 훼손하고 절을 불 지르며 길거리서 '불신지옥'이라 외치며 남의 종교인을 멸시하고 업신여기는 일이 있으니, 이를 보면 예수님도 눈을 가릴 것이다. 참으로 삼가하고 조심해야 할 일이다.

내가 이 글을 쓰는 것은 예수님의 사랑과 부처님의 지혜를 이 땅에 바르게 심어 세상의 평화를 구가하고, 하늘을 영광되게 하고자 하는 데 목적이 있다. 그러니 뜻이 있는 분은 한번씩 읽고 서로 좋은 점만 칭찬하고 사랑하기 바란다.

편저자 씀

예수의 구도와 전법

印刷日 | 2010년 8월 25일
發行日 | 2010년 8월 31일

발행인 | 한　　동　　국
발행처 | 불교정신문화원
저　자 | 활안한정섭

인　쇄 | 이화문화사

발행처 | 477-810 경기도 가평군 외서면 대성리 산 185번지
전　화 | (031) 584-0657, 4170
등록번호. 76. 10. 20. 경기 제 6 호

값 15,000원